外国人技能実習生のための
日 本 語
── 実習現場編 ──

（練習問題集）

公益財団法人　国際人材協力機構

JITCO

使用にあたって

　本教材は、「外国人技能実習生のための日本語—実習現場編—」の学習を補助するために作成しており、授業でも実習生の復習にもお使いいただけます。

　また、「実習現場編」で学習した語彙を中心に問題を作成しているため、実習生は文法事項に集中して復習することができます。本教材の巻末に解答がついていますので答え合わせは実習生一人でできますが、答がわからない場合はすぐに解答を見ずにテキストに戻って復習するよう指導してください。尚、解答が複数考えられる場合は、テキストの内容や一般的な技能実習生の生活から導かれる解答を**例**）として記載しています。「はい」と「いいえ」の２つの解答が考えられる場合は、（**または**）を挟んで２つの解答を記載しています。

　各課は４ページで、助詞を入れる問題、動詞等の形を変えて文を作る問題、語彙の選択、文の完成、内容の理解を確かめる問題の４問か５問で構成されています。各課の問題はそれぞれの課で学習した事柄を復習することを目的として作成していますので、各課の学習後に授業や復習教材として活用してください。色々な練習問題を繰り返し行うことで日本語を身につけるよう指導してください。

　本教材をお使いいただき、学習がさらに効果的となり日本語の運用と安全衛生等に関する知識が定着すれば幸いです。

公益財団法人国際人材協力機構

目 次

1. 次の　（　　　　）に　適当な　助詞を　入れて　ください。

① 工場（　　　　）作業（　　　　　）します。

② 昼休みは　12時（　　　　）1時（　　　　　）です。

③ 森さんが　技能実習（　　　　）指導します。

④ すみません、質問（　　　　　）あります。

⑤ 説明（　　　　）よく　わかりませんでした。

⑥ 国（　　　　）帰ったら、新しい　会社（　　　　　）経験を　生かします。

⑦ 新しい　技能（　　　　）身（　　　　　）つけたいです。

⑧ 技能検定試験（　　　　　）合格したいです。

⑨ 5時（　　　　）なりました。　今日の　作業は　終わりです。

⑩ 講義（　　　　）終わったら、溶接の　練習です。

2. 例の　ように　変えて　ください。
　　例）技能を　身に　つけます。　➡　技能を　身に　つけたいです。

① 経験を　生かします。　➡

② 技能検定試験に　合格します。　➡

_____

③ 日本人と　友だちに　なります。　➡

_____

④ テーマパークに　行きます。　➡

_____

例）早く　寝ます　➡　早く　寝たくないです。

⑤ 国に　帰ります。　➡

_____

⑥ 雨の　日に　出かけます。　➡

_____

⑦ 技能実習を　休みます。　➡

_____

⑧ 日曜日は　寮に　います。　➡

_____

例）病気です ➡ 病気に なりました。

⑨ 社長です。 ➡ _____

⑩ 25才です。 ➡ _____

⑪ 5時です。 ➡ _____

⑫ 月曜日です。 ➡ _____

⑬ 春です。 ➡ _____

3. 例の ように 文を 作って ください。
  例）午前は 講義です／午後は 実習です ➡ 午前は 講義で、午後は 実習です。

① 作業は 工場です／試験は 会議室です ➡

　_____

② 土曜日は 12時までです／日曜日は 休みです ➡

　_____

③ 今月は 森指導員です／来月は 林指導員です ➡

　_____

  例）講義が 終わります／実習です ➡ 講義が 終わったら 実習です。

④ 仕事が 終わります／日本語の 勉強です ➡

　_____

⑤ 寮に　戻ります／買い物に　行きます　➡

_____

⑥ 説明を　聞きます／作業を　始めます　➡

_____

⑦ 20分　休みます／機械の　操作を　教えます　➡

_____

4. 次の　質問に　答えて　ください。

① 技能実習は　何曜日から　何曜日までですか。

_____

② 寮に　帰ったら　何を　しますか。

_____

③ 日本で　どんな　技能を　身に　つけたいですか。

_____

④ 技能検定試験の　目標は　何級ですか。

_____

⑤ 国に　帰ったら　何を　したいですか。

_____

第2課　職場の規律

1．次の　（　　）に　適当な　助詞を　入れて　ください。

① 指示（　　　　）したがって　作業を　して　ください。

② 5分前まで（　　　）ここ（　　　　）戻って　ください。

③ 指導員（　　　）届（　　　　）出して　ください。

④ ここ（　　　　）日にち（　　　　）書いて　ください。

⑤ ルール（　　　）守るよう（　　　　）して　ください。

⑥ 点検（　　　）忘れないよう（　　　）して　ください。

⑦ ここ（　　　）タバコ（　　　　）吸わないこと。

⑧ お先（　　　）失礼します。

2．例の　ように　変えて　ください。
　例）時間を　守って　ください。　➡　時間を　守るように　して　ください。
　　　工場で　走りません。　➡　工場で　走らないように　します。

① 毎日　あいさつを　して　ください。　➡

_____

② 点検を　忘れません。　➡

_____

③ 寮の　きまりを　守ります。　➡

_____

④ お金を　たくさん　使いません。　➡

_____

例）　病気です　➡　<u>病気かも　しれません。</u>
　　新しくないです　➡　<u>新しく　ないかも　しれません。</u>
　　休みます　➡　<u>休むかも　しれません。</u>

⑤ スーパーは　今日　休みです。　➡

_____

⑥ あしたは　林指導員じゃ　ないです。　➡

_____

⑦ あしたは　寒いです。　➡

_____

⑧ 土曜日は　天気が　よくないです。　➡

_____

⑨ 午後　第一工場に　行きます。　➡

_____

⑩ 来週　台風が　来ません。　➡

_____

3. 例の　ように　文を　作って　ください。
　　例）指示／作業を　します　➡　指示に　したがって　作業を　します。

① 指導員の　指示／機械を　操作します　➡

_____

② ルール／ゴミを　出します　➡

_____

③ 職場の　きまり／届を　書きます　➡

_____

　　例）1時／戻って　ください　➡　1時までに　戻って　ください。

④ 木曜日／知らせて　ください　➡

_____

⑤ 1日前／届を　出して　ください　➡

_____

⑥ 30才／工場長に　なりたいです　➡

_____

4. 次の （　　　　） から 一番 適当な 言葉を 入れて ください。

① ＿＿＿＿＿＿に したがって 生活しましょう。

（きまり ・ テキスト ・ マニュアル）

② 技能実習生：すみません。＿＿＿＿＿＿＿＿＿＿＿＿＿＿＿＿＿。

指導員：遅いですね。時間を 守るように して ください。

（おはよう ございます ・ 遅く なりました ・ 失礼します）

③ 技能実習生：来週 休みたいです。

指導員：はい、わかりました。3日前までに ＿＿＿＿＿＿＿を 出して ください。

（早退届 ・ 遅刻届 ・ 休暇届）

④ 指導員の ＿＿＿＿＿＿に したがって 作業を します。

（きまり ・ 指示 ・ 文）

⑤ 毎日 ＿＿＿＿＿＿を する ように しましょう。

（あいさつ ・ 遅刻 ・ 休憩）

⑥ 技能実習生：熱が あります。＿＿＿＿＿＿したいです。

指導員：わかりました。寮で 休んで ください。

（勉強 ・ 早退 ・ 実習）

第3課　作業の準備

1. 次の　（　　　）に　適当な　助詞を　入れて　ください。

① 工具は　棚（　　　　）　あります。

② 安全通路（　　　　）　箱（　　　　）　塞がって　います。

③ 安全通路（　　　　）　確保して　おきましょう。

④ 変な　音（　　　　）　します。

⑤ ペンチ（　　　　）　ニッパー（　　　　）　作業台に　並べます。

⑥ 部品（　　　　）　足りません。

⑦ 機械（　　　　）　オイル（　　　　）　漏れて　います。

⑧ 変な　におい（　　　　）　します。

⑨ ドライバー（　　　　）　スパナ（　　　　）　要ります。

⑩ 機械（　　　　）　変な　音（　　　　）　します。

2. 例の　ように　変えて　ください。文を　全部　書いて　ください。
　　例）オイルが ＿＿＿＿＿＿＿＿ います。　［漏れる］　➡
　　　　 オイルが　漏れて　います。

① プラグが ＿＿＿＿＿＿＿＿ います。　［緩む］　➡

② 床に ゴミが ＿＿＿＿＿＿ います。 ［落ちる］ ➡

＿＿＿＿＿＿＿＿＿＿＿＿＿＿＿＿＿＿＿＿＿＿＿＿＿＿＿＿

③ 床が 水で ＿＿＿＿＿＿ います。 ［ぬれる］ ➡

＿＿＿＿＿＿＿＿＿＿＿＿＿＿＿＿＿＿＿＿＿＿＿＿＿＿＿＿

④ 赤い ランプが ＿＿＿＿＿＿ います。 ［つく］ ➡

＿＿＿＿＿＿＿＿＿＿＿＿＿＿＿＿＿＿＿＿＿＿＿＿＿＿＿＿

例） ねじが ＿＿＿＿＿＿ そうです。 ［外れる］ ➡
　　 ねじが 外れそうです。＿＿＿＿

⑤ 蛍光灯が ＿＿＿＿＿＿ そうです。 ［切れる］ ➡

＿＿＿＿＿＿＿＿＿＿＿＿＿＿＿＿＿＿＿＿＿＿＿＿＿＿＿＿

⑥ はしごが ＿＿＿＿＿＿ そうです。 ［倒れる］ ➡

＿＿＿＿＿＿＿＿＿＿＿＿＿＿＿＿＿＿＿＿＿＿＿＿＿＿＿＿

⑦ 箱が ＿＿＿＿＿＿ そうです。 ［落ちる］ ➡

＿＿＿＿＿＿＿＿＿＿＿＿＿＿＿＿＿＿＿＿＿＿＿＿＿＿＿＿

⑧ 作業服が 雨で ＿＿＿＿＿＿ そうです。 ［ぬれる］ ➡

＿＿＿＿＿＿＿＿＿＿＿＿＿＿＿＿＿＿＿＿＿＿＿＿＿＿＿＿

例）部品を　作業台に　_____　おきます。　［そろえる］　➡
　　部品を　作業台に　そろえて　おきます。

⑨　工具を　作業台に　_____　おきます。　［並べる］　➡

_____

⑩　部品を　倉庫から　_____　おきます。　［出す］　➡

_____

⑪　安全通路を　_____　おきます。　［確保する］　➡

_____

⑫　工具を　工具箱に　_____　おきます。　［入れる］　➡

_____

3.　_____に　適当な　言葉を　入れて、文を　完成させて　ください。
　　例）プラグが　_____います。調べて　ください。　　　（　緩んで　）

①　ゴミが　_____います。掃除して　ください。　　　　（　　　　　）

②　安全通路が　_____います。箱を　片付けて　ください。（　　　　　）

③　変な　_____が　します。ガス漏れかも　しれません。（　　　　　）

④　変な　_____が　します。スイッチを　切って　ください。（　　　　　）

⑤　床が　_____います。拭いて　ください。　　　　　　（　　　　　）

4. 次の 絵に 当てはまる 言葉を 下の b～iの 中から 選んで 例の ように
（　　　）の 中に b～iを 入れてください。

---

a. 変な 音が します　　　b. 工具が 足りません　　　c. 床が ぬれて います
d. 変な においが します　　e. 箱が 落ちそうです　　　f. ねじが 外れそうです
g. オイルが 漏れて います　h. はしごが 倒れそうです
i. 安全通路が 塞がって います

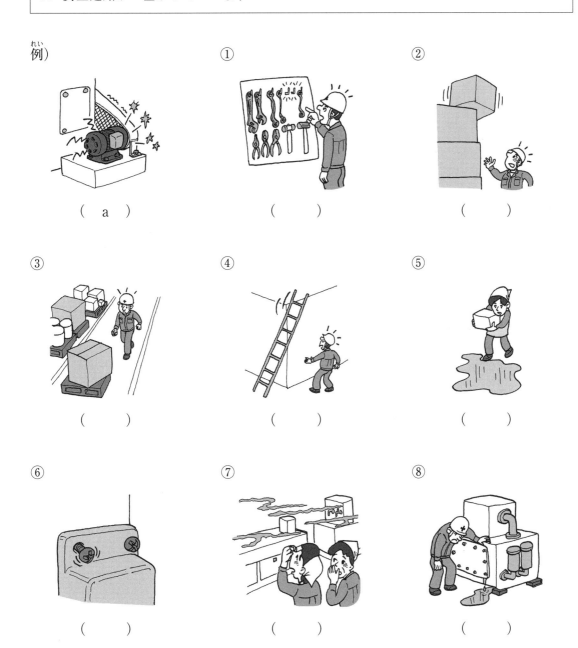

例)
（　a　）

①
（　　　）

②
（　　　）

③
（　　　）

④
（　　　）

⑤
（　　　）

⑥
（　　　）

⑦
（　　　）

⑧
（　　　）

第4課 安全標識

1. 次の（　　　）に　適当な　助詞を　入れて　ください。

① ここ（　　　）タバコ（　　　）吸って（　　　）いけません。

② ここ（　　　）入って（　　　）いいですか。

③ ここ（　　　）車（　　　）止めないで　ください。

④ あれは　何（　　　）読みますか。

⑤ 機械（　　　）正しく　動きません。

⑥ タバコは　喫煙所（　　　）吸います。

⑦ ここは　危ないです。気（　　　）つけて　ください。

⑧ この　漢字の　意味（　　　）わかりません。

⑨ あれは　危ない（　　　）いう　意味です。

⑩ 機械の　ハンドル（　　　）壊れました。

⑪ 立入禁止は　中に　入らないで　ください（　　　）いう　意味です。

⑫ 門（　　　）前（　　　）駐車して（　　　）いけません。

2. 例の ように 文を 作って ください。
   例) ここに 入る／いいです ➡ ここに 入っても いいです。
       ここに 入る／いけません ➡ ここに 入っては いけません。

① ここで タバコを 吸う／いいです ➡

_____

② えんぴつで 書く／いいです ➡

_____

③ この 機械を 使う／いいです ➡

_____

④ ここで 写真を 撮る／いけません ➡

_____

⑤ この 中に 入る／いけません ➡

_____

⑥ 門の 前に 車を 止める／いけません ➡

_____

3. 例の ように 質問に 答えて ください。
例) ここに 入っても いいですか。 ➡ はい、<u>入っても いいです。</u>
  タバコを 吸っても いいですか。 ➡ いいえ、<u>吸っては いけません。</u>

① ここを 歩いても いいですか。 ➡

  はい、＿＿＿＿＿＿＿＿＿＿＿＿＿＿＿＿＿＿＿＿＿＿＿＿＿＿＿

② この 電話を 使っても いいですか。 ➡

  いいえ、＿＿＿＿＿＿＿＿＿＿＿＿＿＿＿＿＿＿＿＿＿＿＿＿＿＿

③ 帰っても いいですか。 ➡

  いいえ、まだ ＿＿＿＿＿＿＿＿＿＿＿＿＿＿＿＿＿＿＿＿＿＿＿

④ 少し 休んでも いいですか。 ➡

  はい、＿＿＿＿＿＿＿＿＿＿＿＿＿＿＿＿＿＿＿＿＿＿＿＿＿＿＿

⑤ この 機械を 触っても いいですか。 ➡

  いいえ、＿＿＿＿＿＿＿＿＿＿＿＿＿＿＿＿＿＿＿＿＿＿＿＿＿＿

⑥ ここで 安全帽を かぶっても いいですか。 ➡

  はい、＿＿＿＿＿＿＿＿＿＿＿＿＿＿＿＿＿＿＿＿＿＿＿＿＿＿＿

4. 次の 質問に 答えて ください。

① 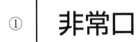 非常口

何と 読みますか。

_____

② 立入禁止

何と 読みますか。

_____

どう いう 意味ですか。

_____

③

どう いう 意味ですか。

_____

④ 保護帽着用

どう いう 意味ですか。

_____

1. 次の　（　　　）に　適当な　助詞を　入れて　ください。

① はじめ(　　　　)　スイッチ(　　　　)　入れます。次(　　　　)　ボタン(　　　　)
　　押します。

② 熱中症　（　　　　）　なりました。

③ 水　（　　　）　こまめ　（　　　　）　飲んで　ください。

④ 機械　（　　　）　手　（　　　）　挟みました。

⑤ 階段　（　　　）　落ちそう　（　　　　）　なりました。

⑥ 包丁　（　　　）　指　（　　　）　切りそう　（　　　　）　なりました。

⑦ 休憩時間　（　　　　）　お茶　（　　　）　飲みました。

⑧ 指差呼称　（　　　）　安全　（　　　）　確認しましょう。

2. 例の　ように　文を　作って　ください。
　　例）歌を　歌う／シャワーを　浴びます　➡
　　　　歌を　歌いながら　シャワーを　浴びます。

① メモする／説明を　聞きました　➡

_____

② お茶を　飲む／休憩しましょう　➡

_____

③ 話す／作業を　しては　いけません　➡

_____

④ 指差しを　する／安全を　確認します　➡

_____

⑤ 手順書を　見る／作業を　して　ください　➡

_____

⑥ 歩く／スマホを　操作しては　いけません　➡

_____

3. 例の　ように　質問に　答えて　ください。
　　　例）安全靴を　履かなければ　なりませんか。
　　　　　はい、履かなければ　なりません。
　　　　　いいえ、履かなくても　いいです。
　　　　　エプロンを　使わなくても　いいですか。
　　　　　はい、使わなくても　いいです。
　　　　　いいえ、使わなければ　なりません。

① メモしなければ　なりませんか。

　　はい、_____

② ここに　名前を　書かなくても　いいですか。

　　はい、_____

③ 保護面を　使わなければ　なりませんか。

　　いいえ、今日は＿＿＿＿＿＿＿＿＿＿＿＿＿＿＿＿＿＿＿＿＿＿＿＿＿＿＿

④ 保護帽を　かぶらなくても　いいですか。

　　いいえ、この　作業では　＿＿＿＿＿＿＿＿＿＿＿＿＿＿＿＿＿＿＿＿＿

⑤ 指導員に　報告しなくても　いいですか。

　　いいえ、＿＿＿＿＿＿＿＿＿＿＿＿＿＿＿＿＿＿＿＿＿＿＿＿＿＿＿＿＿

⑥ 毎日　9時に　来なければ　なりませんか。

　　はい、＿＿＿＿＿＿＿＿＿＿＿＿＿＿＿＿＿＿＿＿＿＿＿＿＿＿＿＿＿＿＿

4. 例の　ように　左と　右を　結んで　ください。

　　① 階段から　　　　　例）　・　　　　　・a　挟みそうに　なりました。

　　② 作業場で　　　　　　　　・　　　　　・b　落ちそうに　なりました。

　　③ はさみで　指を　　　　　・　　　　　・c　入りそうに　なりました。

　　④ 機械に　髪の　毛を　　　・　　　　　・d　転びそうに　なりました。

　　⑤ 目に　ゴミが　　　　　　・　　　　　・e　切りそうに　なりました。

5. 次の　質問に　答えて　ください。

① 作業では　保護めがねを　つけなければ　なりませんか。

_____

② 作業では　安全靴を　履かなくても　いいですか。

_____

③ 日曜日も　作業を　しなければ　なりませんか。

_____

④ 毎日　指差しを　しながら　始業点検を　しますか。

_____

⑤ 話しながら　作業を　しても　いいですか。

_____

⑥ 5Sの　Sは　何ですか。

_____ 、 _____ 、 _____ 、

_____ 、 _____ です。

第6課　整理整頓

1．次の　（　　　）に　適当な　助詞を　入れて　ください。

① 作業場（　　　　　）片付けて　ください。

② 使った　工具（　　　　）倉庫（　　　　）戻しました。

③ 使う　順番（　　　　　）工具（　　　　　）並べて　ください。

④ 床（　　　　）モップ（　　　　）拭いて　おいて　ください。

⑤ 最後（　　　　）掃除機（　　　　　）かけましょう。

⑥ 工具の　汚れ（　　　　　）とって、工具箱（　　　　　）入れました。

⑦ ガス（　　　　）元栓（　　　　　）閉めましたか。

⑧ 帰る　前（　　　　　）、ゴミ（　　　　　）捨てます。

⑨ 戸締まり（　　　　）した　後（　　　　　）、報告して　ください。

⑩ 今日は　これ（　　　　　）終わりです。

2．例の　ように　文を　作って　ください。
　　　例）今日　工具を　使いました／その　工具を　工具室に　戻します　➡
　　　　　今日　使った　工具を　工具室に　戻します。

① あした　工具を　使います／その　工具を　作業台に　並べます　➡

— 22 —

② <ruby>治具<rt>じぐ</rt></ruby>を　<ruby>使<rt>つか</rt></ruby>いました／その　<ruby>治具<rt>じぐ</rt></ruby>を　<ruby>倉庫<rt>そうこ</rt></ruby>に　しまって　ください　➡

_____

③ <ruby>作業服<rt>さぎょうふく</rt></ruby>が　<ruby>汚<rt>よご</rt></ruby>れました／その　<ruby>作業服<rt>さぎょうふく</rt></ruby>を　<ruby>洗<rt>あら</rt></ruby>わなければ　なりません　➡

_____

④ ゴミが　<ruby>落<rt>お</rt></ruby>ちています／その　ゴミを　<ruby>拾<rt>ひろ</rt></ruby>って　ください　➡

_____

⑤ <ruby>順番<rt>じゅんばん</rt></ruby>に　<ruby>作業場<rt>さぎょうば</rt></ruby>を　<ruby>片付<rt>かたづ</rt></ruby>けます　➡　その　<ruby>順番<rt>じゅんばん</rt></ruby>が　わかりますか　➡

_____

⑥ <ruby>昨日<rt>きのう</rt></ruby>　<ruby>倉庫<rt>そうこ</rt></ruby>に　<ruby>工具箱<rt>こうぐばこ</rt></ruby>を　しまいました／その　<ruby>工具箱<rt>こうぐばこ</rt></ruby>が　ありません　➡

_____

⑦ <ruby>言葉<rt>ことば</rt></ruby>が　わかりません／その　<ruby>言葉<rt>ことば</rt></ruby>を　<ruby>教<rt>おし</rt></ruby>えて　ください　➡

_____

<ruby>例<rt>れい</rt></ruby>) <ruby>窓<rt>まど</rt></ruby>を　<ruby>閉<rt>し</rt></ruby>めます／<ruby>寮<rt>りょう</rt></ruby>に　<ruby>帰<rt>かえ</rt></ruby>ります　➡　<u><ruby>窓<rt>まど</rt></ruby>を　<ruby>閉<rt>し</rt></ruby>めて、<ruby>寮<rt>りょう</rt></ruby>に　<ruby>帰<rt>かえ</rt></ruby>ります。</u>

⑧ <ruby>工具<rt>こうぐ</rt></ruby>の　<ruby>汚<rt>よご</rt></ruby>れを　<ruby>取<rt>と</rt></ruby>ります／<ruby>使<rt>つか</rt></ruby>う　<ruby>順番<rt>じゅんばん</rt></ruby>に　<ruby>並<rt>なら</rt></ruby>べます　➡

_____

⑨ <ruby>床<rt>ゆか</rt></ruby>を　<ruby>掃<rt>は</rt></ruby>きます／モップで　<ruby>拭<rt>ふ</rt></ruby>きます　➡

_____

⑩ 工具を　片付けます／掃除機を　かけます　➡

_____

⑪ 治具を　倉庫に　しまいます／作業場を　掃除します　➡

_____

⑫ 終業点検を　します／指導員に　報告します　➡

_____

⑬ テレビを　見ます／シャワーを　浴びます／10時に　寝ます　➡

_____

_____

⑭ 電源を　切ります／ガスの　元栓を　閉めます／戸締まりを　します　➡

_____

_____

3. _____に　適当な　言葉や　文を　入れて、文を　完成させて　ください。

① 1日の　作業を　始める　前に、_____。

② _____　前に、朝食を　食べます。

③ 寮を　出る　前に、_____。

— 24 —

④ 1日の 作業が 終わった 後で、＿＿＿＿＿＿＿＿＿＿＿＿＿＿＿＿＿＿。

⑤ 終業点検の 後で、＿＿＿＿＿＿＿＿＿＿＿＿＿＿＿＿＿＿＿＿。

⑥ ＿＿＿＿＿＿＿＿＿＿＿＿＿＿＿＿＿＿ 後で、シャワーを 浴びます。

4. 次の 質問に 答えて ください。

① 使った 道具や 工具を どこに 片付けますか。

＿＿＿＿＿＿＿＿＿＿＿＿＿＿＿＿＿＿＿＿＿＿＿＿＿＿＿＿＿＿＿＿

② 汚れた 道具や 工具を どう しますか。

＿＿＿＿＿＿＿＿＿＿＿＿＿＿＿＿＿＿＿＿＿＿＿＿＿＿＿＿＿＿＿＿

③ 毎日 作業場を 何で 掃除しますか。

＿＿＿＿＿＿＿＿＿＿＿＿＿＿＿＿＿＿＿＿＿＿＿＿＿＿＿＿＿＿＿＿

④ 寮に 帰った 後で、日本語を 勉強しますか。

＿＿＿＿＿＿＿＿＿＿＿＿＿＿＿＿＿＿＿＿＿＿＿＿＿＿＿＿＿＿＿＿

⑤ 毎日 寮の 部屋の 整理整頓を しますか。

＿＿＿＿＿＿＿＿＿＿＿＿＿＿＿＿＿＿＿＿＿＿＿＿＿＿＿＿＿＿＿＿

第7課　反省・改善

1．次の　（　　　）に　適当な　助詞を　入れて　ください。

① コツ（　　　　）忘れないよう（　　　　）します。

② 練習（　　　　）足りませんでした。

③ 部屋（　　　　）少し　暗いです。

④ 機械（　　　　）うまく　操作する　こと（　　　　）できました。

⑤ 温度（　　　）20度（　　　）25度（　　　）して　ください。

⑥ できなかった　理由（　　　　）考えました。

⑦ 作業（　　　　）手順（　　　　）覚えました。

⑧ 作業場を　きれい（　　　　）しなければ　なりません。

⑨ 製品（　　　　）落として　しまいました。

⑩ 集合時間（　　　　）午前9時半（　　　　）変更しました。

2．例の　ように　変えて　ください。
　　例）板を　正確に　切ります。　➡　板を　正確に　切る　ことが　できました。
　　　　機械を　操作しません。　➡　機械を　操作する　ことが　できませんでした。

① グラインダーを　うまく　使いました。　➡

② 作業の 手順を 覚えました。　➡

_____

③ 職場の きまりを 守りませんでした。　➡

_____

④ 1時までに 戻りませんでした。　➡

_____

⑤ 辞書を 使いながら 日本語の 本を 読みました。　➡

_____

例) 仕上げを 失敗しました　➡　仕上げを 失敗して しまいました。

⑥ 階段から 落ちました。　➡

_____

⑦ 作業場で 転びました。　➡

_____

⑧ 作業の コツを 忘れました。　➡

_____

⑨ 工具で 指を 切りました。　➡

_____

⑩ 立入禁止の　場所に　入りました。　➡

_____

3. 例の　ように　文を　作って　ください。
　　例) メモします／忘れません　➡　メモしたら　忘れません。

① 毎日　練習　します／合格します　➡

_____

② 作業の　手順が　わかりません／指導員に　質問して　ください　➡

_____

_____

③ 繰り返しません／覚えませんよ　➡

_____

④ そこに　箱を　置きます／安全通路が　塞がります　➡

_____

_____

⑤ マニュアルを　読みます／手順が　わかりますよ　➡

_____

4. _____に 適当な 言葉を 入れて、文を 完成させて ください。

① 部屋が 少し 暗いです。_____ して ください。

② 音が 大きいです。少し _____ しましょう。

③ 床が 汚れて います。_____ しましょう。

④ 蛍光灯が 古いです。_____ して ください。

⑤ 暑いですね。エアコンの 温度を 25度_____ して ください。

⑥ メモしたら _____。

⑦ わからなかったら _____。

⑧ 繰り返さなかったら _____。

⑨ 作業台の 上が _____ いたら 掃除して ください。

⑩ 製品を 落としたら _____。

⑪ たくさん 練習しました。上手に _____
ことが できました。

⑫ 練習が 足りませんでした。仕上げを _____て しまいました。

第8課　災害予防

1．次の　（　　　）に　適当な　助詞を　入れて　ください。

① 火事の　時は　大声（　　　　）　知らせます。

② 119番（　　　　）　電話します。

③ テーブル（　　　）　下（　　　　）　隠れます。

④ 非常口から　非常階段（　　　　）　通って　避難して　ください。

⑤ 作業（　　　）　始める　前に、保護具（　　　）　身（　　　）　つけます。

⑥ はしご（　　　）　落ちそう（　　　）　なりました。

⑦ すぐ　作業（　　　）　やめて　公園（　　　）　避難して　ください。

⑧ 避難訓練（　　　）　して　おく（　　　　）　安心です。

⑨ 消火器（　　　）　使い方（　　　）　教えて　ください。

⑩ レバー（　　　）　握る（　　　）、薬剤が　出ます。

2．例の　ように　文を　作って　ください。
   例）地震です／ヘルメットを　かぶって　ください　➡
      地震の　時、ヘルメットを　かぶって　ください。
      消火器を　使います／周りに　気を　つけます　➡
      消火器を　使う　時、周りに　気を　つけます。

① 台風です／出かけないで　ください　➡

② 指導員に　知らせます／携帯電話を　使います　➡

_____

③ 作業を　して　います／隣の　人と　話しません　➡

_____

④ 寮に　着きました／5時　30　分でした　➡

_____

⑤ 機械を　使いません／電源を　切ります　➡

_____

　　　　例）　どこ／押す　➡　どこを　押したら　いいですか。_____

⑥ 何／使う　➡　_____

⑦ 誰／報告する　➡　_____

⑧ 何時／戻る　➡　_____

⑨ どこ／置く　➡　_____

⑩ どう／する　➡　_____

例) 消火器を　使う／教えて　ください　➡
　　消火器の　使い方を　教えて　ください。

⑪　消防車を　呼ぶ／教えて　ください　➡

_____

⑫　安全ピンを　抜きます／わかりません　➡

_____

⑬　避難場所まで　行きます／書きましょう　➡

_____

例)　レバーを　握ります／薬剤が　出ます　➡　レバーを　握ると　薬剤が　出ます

⑭　部屋を　出ます／消火器が　あります　➡

_____

⑮　ボタンを　押しません／機械が　動きません　➡

_____

⑯　マニュアルを　読みません／わかりません

_____

⑰　機械を　触ります／熱いです

_____

3. 次の （　　　　）から 一番 適当な 言葉を 入れて ください。

① ＿＿＿＿＿＿＿＿＿＿＿の 時、テーブルの 下に 隠れましょう。

（　地震　・　火事　・　台風　）

② 火事の 時、＿＿＿＿＿＿＿＿＿＿に 電話します。

（　119番　・　１１０番　・　家族　）

③ 火事の 時、＿＿＿＿＿＿＿＿＿の ボタンを 押します。

（　消火栓　・　火災報知器　・　消火器）

④ はしごを 使う 時、＿＿＿＿＿＿＿＿＿を 使いましょう。

（　左手　・　両手　・　右手　）

4. 次の 質問に 答えて ください。

① 火事の 時、どう したら いいですか。

＿＿＿＿＿＿＿＿＿＿＿＿＿＿＿＿＿＿＿＿＿＿＿＿＿＿＿

② 地震の 時、どう したら いいですか。

＿＿＿＿＿＿＿＿＿＿＿＿＿＿＿＿＿＿＿＿＿＿＿＿＿＿＿

③ 寮の 非常口は どこに ありますか。

＿＿＿＿＿＿＿＿＿＿＿＿＿＿＿＿＿＿＿＿＿＿＿＿＿＿＿

第9課　緊急・応急

1. 次の（　　　　）に　適当な　助詞を　入れて　ください。

① 今日は　暑いですから、熱中症（　　　　　）気（　　　　　）つけて　ください。

② 箱（　　　　　）つまずいて、転びました。

③ 機械（　　　　　）タオル（　　　　　）巻き込まれました。

④ 誰（　　　　　）来て。アンディさん（　　　　　）倒れました。

⑤ 手（　　　　　）滑って、薬品（　　　　　）落としました。

⑥ すぐ（　　　　　）救急車（　　　　　）呼んで　ください。

⑦ つまずく（　　　　　）危ないです。

⑧ はしご（　　　　　）落ちて、腰（　　　　　）打ちました。

⑨ 技能実習生（　　　　　）急（　　　　　）倒れました。

⑩ 機械（　　　　　）手（　　　　　）挟まれました。

2. 例の　ように　文を　作って　ください。
　　例）はしごから　落ちました／骨折しました　➡
　　　　はしごから　落ちて、骨折しました。

① 箱に　つまずきました／転びました　➡

② 薬品が　こぼれました／床が　ぬれました　➡

_____

③ 手が　滑りました／製品を　落としました　➡

_____

④ 薬品を　触りました／火傷しました　➡

_____

⑤ 油が　漏れました／床が　汚れました　➡

_____

例）今日は　日曜日です／実習は　ありません　➡
　　今日は　日曜日ですから、実習は　ありません。

⑥ 停電です／しばらく　そこで　動かないで　ください　➡

_____

⑦ 今日は　暑いです／熱中症に　気を　つけて　ください

_____

⑧ 指導員から　説明を　聞きました／よく　わかりました　➡

_____

⑨ 火傷しませんでした／大丈夫です ➡

_____

⑩ 危険です／機械を 触らないように しましょう ➡

_____

3. 例の ように 変えて ください。文を 全部 書いて ください。
   例) 誰か、_____。 [助けます] ➡ 誰か、助けて。_____

① 救急車を _____。 [呼びます] ➡

_____

② 薬品を _____。 [触りません] ➡

_____

③ 大丈夫ですよ。_____。 [落ち着きます] ➡

_____

④ その 機械は _____。 [使いません] ➡

_____

⑤ 早く 機械を _____。 [止めます] ➡

_____

⑥　こっちに _____。　［来ません］　➡

_____

4.第9課の　＜状況説明＞を　理解して、次の　文を　完成させて　ください。

マリアさんは　作業場で ①_____、薬品の　ビンを

落としました。マリアさんは、薬品を ②_____から、火傷

しませんでした。マリアさんは　手袋で　薬品の　ビンを③_____。

5.次の　質問に　答えて　ください。

①　停電の　時、どう　したら　いいですか。

_____

②　救急車を　呼ぶ　時の　電話番号は　何番ですか。

_____

③　機械に　タオルを　巻き込まれたら、どう　したら　いいですか。

_____

④　友だちの　アンディさんが　階段から　落ちたら、周りの　人に　何と　言いますか。

_____

1．次の　（　　　）に　適当な　助詞を　入れて　ください。

① 寒気（　　　　）します。

② あした　技能実習（　　　　）行って（　　　　）いいですか。

③ 赤い（　　　　）は　解熱剤で、白い（　　　　）は　喉の　薬です。

④ 寮（　　　）入口（　　　　）待って　います。

⑤ 咳（　　　）たくさん　出ます。

⑥ 喉（　　　）痛いです。

⑦ 薬（　　　　）アレルギー（　　　　）あります。

⑧ 熱（　　　）下がったら、解熱剤（　　　　）やめて　ください。

⑨ インフルエンザ（　　　　）気（　　　　）つけて　ください。

⑩ 洗面所（　　　　）うがい薬（　　　　）あります。

⑪ 部屋（　　　）休んだ　ほう（　　　　）いいですよ。

⑫ 熱（　　　）37度台（　　　　）下がりました。

⑬ 部屋（　　　）戻って、保険証（　　　　）持って　きて　ください。

⑭ すぐ（　　　）寝た　ほう（　　　　）いいですよ。

2. 例の ように 変えて ください。
　　例) 水を 飲みます。　　➡　水を 飲んだ ほうが いいです。
　　　　仕事を します。　　➡　仕事を しない ほうが いいです。

① ジャケットを 着ます。　➡ ＿＿＿＿＿＿＿＿＿＿＿＿＿＿＿＿＿＿＿＿

② 部屋から 出ません。　➡ ＿＿＿＿＿＿＿＿＿＿＿＿＿＿＿＿＿＿＿＿

③ シャワーを 浴びません。　➡ ＿＿＿＿＿＿＿＿＿＿＿＿＿＿＿＿＿＿＿＿

④ 帽子を かぶります。　➡ ＿＿＿＿＿＿＿＿＿＿＿＿＿＿＿＿＿＿＿＿

⑤ 早く 寝ます。　➡ ＿＿＿＿＿＿＿＿＿＿＿＿＿＿＿＿＿＿＿＿

⑥ 作業場に 来ません。　➡ ＿＿＿＿＿＿＿＿＿＿＿＿＿＿＿＿＿＿＿＿

　　例) 水を 飲まなくても いいですか。　➡　いいえ、飲んだ ほうが いいです。
　　　　お風呂に 入っても いいですか。　➡　いいえ、入らない ほうが いいです。

⑦ タバコを 吸っても いいですか。　➡　いいえ、＿＿＿＿＿＿＿＿＿＿＿＿＿＿

⑧ 朝ごはんを 食べなくても いいですか。　➡　いいえ、＿＿＿＿＿＿＿＿＿＿＿

⑨ 今夜 出かけても いいですか。　➡　いいえ、＿＿＿＿＿＿＿＿＿＿＿＿＿＿

⑩ シャワーを 浴びても いいですか。　➡　いいえ、＿＿＿＿＿＿＿＿＿＿＿＿

⑪ 指導員に 知らせなくても いいですか。　➡　いいえ、＿＿＿＿＿＿＿＿＿＿

⑫ 熱を 測らなくても いいですか。　➡　いいえ、＿＿＿＿＿＿＿＿＿＿＿＿＿

3. 例の ように 左と 右を 結んで ください。

①喉が　　　　　　例)　　　　　　　　　　　　　　　・a　あります。

②体が　　　　　　・　　　　　　　　　　　　　　　・b　痛いです。

③めまいが　　　　・　　　　　　　　　　　　　　　・c　だるいです。

④胸が　　　　　　・　　　　　　　　　　　　　　　・d　苦しいです。

⑤熱が　　　　　　・　　　　　　　　　　　　　　　・e　します。

4.＿＿＿＿＿に 適当な 言葉や 文を 入れて、文を 完成させて ください。

①　グエン　：さっきから 頭が 痛いです。

　　アンディ：今日は ＿＿＿＿＿＿＿＿＿＿＿＿＿＿＿＿＿＿ ほうが いいですよ。

②　マリア：佐藤さん、吐き気が ＿＿＿＿＿＿＿＿＿＿ 。

　　＿＿＿＿＿＿＿＿＿＿＿＿＿＿＿＿＿＿＿ も いいですか。

　　佐藤　：それは 大変。今日は 寮で ゆっくり 休んで ください。

③　熱が ＿＿＿＿＿＿＿＿＿＿＿＿、解熱剤を やめて ください。

④　赤い ＿＿＿＿＿は 寝る 前に 飲んで ください。

⑤　木村　：どう しましたか。

　　グエン：＿＿＿＿＿＿＿＿＿＿＿＿＿＿＿＿＿＿＿＿＿＿。

　　木村　：風邪かも しれませんね。寮で 休んで ください。

5. 下の 薬袋を 見て 答えて ください。

① 1日 何回 飲みますか。

_____ 飲みます。

② 袋には 何日分 入って いますか。

_____ 入って います。

③ いつ 飲みますか。

_____

④ どんな 薬を いくつ 飲みますか。

_____

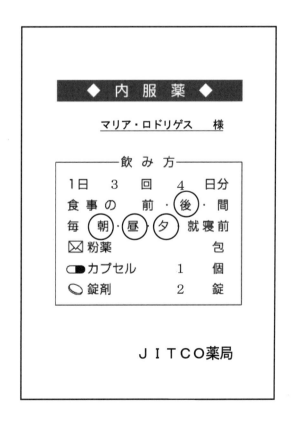

◆ 内 服 薬 ◆

マリア・ロドリゲス　様

━━飲 み 方━━
1日　3　回　4　日分
食事の　前・(後)・間
毎 (朝)・(昼)・(夕)　就寝前
☒粉薬　　　　　包
◖▬カプセル　　1　個
◯錠剤　　　　2　錠

JITCO薬局

第11課　メンタルヘルス

1. 次の　（　　　）に　適当な　助詞を　入れて　ください。

① 軽い　運動は　体（　　　　　）　いいです。

② 毎日　6時（　　　　　）　起きて、10時（　　　　　）　寝ます。

③ 元気（　　　　　）　作業を　して　ください。

④ 心の　健康（　　　　　）　睡眠が　大切です。

⑤ 友だち（　　　　　）　意見が　合いません。

⑥ 指導員に　話す（　　　　　）　楽（　　　　　）　なりますよ。

⑦ 最近　元気（　　　　　）　ありませんね。どう　しましたか。

⑧ ほかの　人（　　　　　）　言いません。話して　ください。

⑨ ストレス解消（　　　　　）　何（　　　　　）　しますか。

⑩ 早く　寝る　よう（　　　　　）　して　ください。

2. 例の　ように　変えて　ください。
例）カラオケに　行きました。　➡　カラオケに　行った　ことが　あります。
　　桜の　花を　見ませんでした。　➡　桜の　花を　見た　ことが　ありません。

① さしみを　食べませんでした。　➡

② 日本で　風邪を　ひきました。　➡

___

③ 日本語の　歌を　歌いませんでした。　➡

___

④ 生活指導員に　相談しました。　➡

___

⑤ 日本の　マンガを　読みませんでした。　➡

___

⑥ 富士山に　登りました。　➡

___

3. 例の　ように　文を　作って　ください。
　　例）散歩を　します／音楽を　聞きます。
　　➡　散歩を　したり、音楽を　聞いたり　します。

① 部屋で　本を　読みます／テレビを　見ます　➡

___

② 友だちと　サッカーを　します／プールで　泳ぎます　➡

___

③ 買い物に 行きます／料理を 作ります ➡

_____

④ 公園を 歩きます／走ります ➡

_____

⑤ 作業着を 洗います／部屋を 片付けます ➡

_____

⑥ 友だちの 家に 行きます／友だちが 家に 来ます ➡

_____

4. 例の ように 変えて、文を 全部 書いて ください。
   例）日本語が _____ なりました。 ［上手］ ➡
   日本語が 上手に なりました。

① 父が _____ なりました。 ［病気］ ➡

_____

② 天気が _____ なりました。 ［いい］ ➡

_____

③ 作業場が _____ なりました。 ［きれい］ ➡

_____

④ 技能実習が ＿＿＿＿＿＿＿＿ なりました。 ［楽しい］ ➡

＿＿＿＿＿＿＿＿＿＿＿＿＿＿＿＿＿＿＿＿＿＿＿＿＿＿

⑤ 9月に ＿＿＿＿＿＿＿＿ なりました。 ［25才］ ➡

＿＿＿＿＿＿＿＿＿＿＿＿＿＿＿＿＿＿＿＿＿＿＿＿＿＿

5. 次の 質問に 答えて ください。

① 日本で 病気に なった ことが ありますか。

＿＿＿＿＿＿＿＿＿＿＿＿＿＿＿＿＿＿＿＿＿＿＿＿＿＿

② 休みの 日には 何を しますか。

＿＿＿＿＿＿＿＿＿＿＿＿＿＿＿＿＿＿＿＿＿＿＿＿＿＿

③ ストレス解消に 何を しますか。

＿＿＿＿＿＿＿＿＿＿＿＿＿＿＿＿＿＿＿＿＿＿＿＿＿＿

④ 食べ物の 好き嫌いが ありますか。

＿＿＿＿＿＿＿＿＿＿＿＿＿＿＿＿＿＿＿＿＿＿＿＿＿＿

⑤ 毎日の 生活で 問題が あったら、どう しますか。

＿＿＿＿＿＿＿＿＿＿＿＿＿＿＿＿＿＿＿＿＿＿＿＿＿＿

第12課　従業員との交流

1. 次の（　　　）に　適当な　助詞を　入れて　ください。

① 滝（　　　　）よう（　　　　）汗を　かきました。

② 花の　よう（　　　　）いい　においが　します。

③ 鍋（　　　　）水を　入れて、火（　　　　）かけます。

④ 友だちを　誘って（　　　　）いいですか。

⑤ 生地が　できました。これ（　　　　）いいですか。

⑥ 冷蔵庫（　　　　）入れて　冷やしました。

⑦ まな板（　　　　）粉を　ふって　ください。

⑧ 鶏肉と　卵を　使います（　　　　）、親子（　　　　）言います。

⑨ 生地（　　　　）まな板（　　　　）載せました。

⑩ 日本舞踊を　テレビ（　　　　）見た　こと（　　　　）あります。

2. 例の　ように　変えて　ください。
例）交流は　楽しいです。　➡　<u>交流は　楽しそうです。</u>

① この　道具は　便利です。　➡

② 日本の おかしは 甘いです。　➡

_____

③ あしたは 天気が いいです。　➡

_____

④ 親子どんぶりの 作り方は 簡単です。　➡

_____

3. 例の ように 文を 作って ください。
　　例) 冷蔵庫に 入れます／冷やします　➡
　　　　冷蔵庫に 入れて 冷やします。

① こう やります／棒の ように 延ばします　➡

_____

② 手を 使います／生地を こねて ください　➡

_____

③ エプロンを つけます／汚れないように しましょう　➡

_____

④ 従業員と 一緒に 料理を 作ります／友だちに なりました　➡

_____

例) ボール／丸く　して　ください　➡

　　　ボールの　ように　丸く　して　ください。

⑤　糸／細く　切って　ください　➡

_____

⑥　石／硬く　なりました　➡

_____

⑦　ケーキ／甘い　においが　します　➡

_____

⑧　薬／苦い　味が　しました　➡

_____

⑨　日本人／日本語が　上手です　➡

_____

4．第12課の　＜親子どんぶりを作る＞　を　理解して、次の　質問に　答えて　ください。

①　リーさんは　いつ　親子どんぶりを　食べましたか。

_____

②　どうして　親子と　言いますか。

_____

— 48 —

③ 親子どんぶりの 作り方は 難しいですか。

_____

④ 親子どんぶりを 作る 時、玉ネギを 使わなければ なりませんか。

_____

⑤ 親子どんぶりを 作る 時、どんな 調味料を 使いますか。

_____

5. 第12課の ＜雑談＞を 理解して、次の 文を 完成させて ください。

① 親子どんぶりの 作り方は 簡単でしたから、帰国_____

_____。

② リーさんの 趣味は _____で、山田さんの 趣味は

_____。

③ 日本舞踊は _____踊りです。

④ リーさんは 日本舞踊を テレビで _____。

⑤ 日本舞踊は _____ですが、踊ると

_____。

1. 次の　（　　　　）に　適当な　助詞を　入れて　ください。

① 富士山は　絵（　　　　）　ようです。

② レモン（　　　　）　ような　味（　　　　）　しました。

③ 桜は　満開（　　　　）　時だけじゃ　なくて、散る　時（　　　　）　きれいです。

④ 絵の　ような　景色（　　　　）　家族（　　　　）　見せたいです。

⑤ うどんは　何（　　　　）　作りますか。小麦粉（　　　　）　作ります。

⑥ 中国料理は　とても　人気（　　　　）　あります。

⑦ 冷たい　そうめんも　おいしいですが、温かい（　　　　）も　おいしいです。

⑧ 冬に　食べたら　体（　　　　）　温かく　なります。

⑨ この　花は　日本語（　　　　）　何（　　　　）　言いますか。

⑩ みんな（　　　　）　フォーを　作りましょう。

2. 例の　ように　文を　作って　ください。
　　例）桜の　花／雪　➡　桜の　花は　雪の　ようです。

① この　犬／ぬいぐるみ　➡

_____

② 今日／夏 ➡

_____

③ マリアさん／ファッションモデル ➡

_____

例) 絵／景色です ➡ 絵の ような 景色です。

④ 歌手／声でした ➡

_____

⑤ 花／においが します ➡

_____

⑥ ホテル／家に 住んで います ➡

_____

例) 神社に あります／公園にも あります
　➡ 神社だけじゃ なくて 公園にも あります。

⑦ 春に 咲きます／秋にも 咲きます ➡

_____

⑧ ベトナムで 食べます／中国でも 食べます ➡

_____

⑨　スポーツ大会に　参加したいです／盆踊りにも　参加したいです　➡

_____

⑩　技能実習を　頑張ります／日本語の　勉強も　頑張ります　➡

_____

⑪　桜を　見ます／桜を　おかしにも　使います　➡

_____

例）うどん／小麦粉　➡　うどんは　小麦粉で　作ります。

⑫　ビーフン／米の　粉　➡

_____

⑬　豆腐／大豆　➡

_____

⑭　クッキー／小麦粉と　卵と　バター　➡

_____

⑮　ジャム／くだものと　砂糖　➡

_____

3. 第13課の <交流> を 理解して、次の 文を 完成させて ください。

① グエンさんたちは 模擬店で ＿＿＿＿＿＿＿＿＿＿＿＿＿＿＿＿＿ました。

② グエンさんは そうめんを ＿＿＿＿＿＿＿＿＿＿＿＿＿＿が あります。

③ チェーは ＿＿＿＿＿＿＿＿＿＿＿＿＿＿だけじゃ なくて、＿＿＿＿＿＿

＿＿＿＿＿＿＿＿＿＿＿＿＿＿＿も あります。

④ 蓮の 実は ＿＿＿＿＿＿＿＿＿の ようです。

⑤ 温かい チェーを 冬に 食べたら、＿＿＿＿＿＿＿＿＿＿＿＿＿＿＿

＿＿＿＿＿＿＿＿＿＿＿＿＿＿＿＿＿＿＿＿＿＿＿＿＿＿＿。

4. 第13課の <国花> を 理解して、次の 質問に 答えて ください。

① ベトナムの 国花は 何ですか。

＿＿＿＿＿＿＿＿＿＿＿＿＿＿＿＿＿＿＿＿＿＿＿＿＿

② その 実と 花は 何に 使いますか。

＿＿＿＿＿＿＿＿＿＿＿＿＿＿＿＿＿＿＿＿＿＿＿＿＿

③ 中国の 国花、牡丹は どんな 花ですか。

＿＿＿＿＿＿＿＿＿＿＿＿＿＿＿＿＿＿＿＿＿＿＿＿＿

④ リーさんは 牡丹を どこで 見る ことが できますか。

＿＿＿＿＿＿＿＿＿＿＿＿＿＿＿＿＿＿＿＿＿＿＿＿＿

第14課　道をたずねる

1．次の　（　　　）に　適当な　助詞を　入れて　ください。

① ここに　何（　　　　）書かないで　ください。

② 駅（　　　　）の　行き方が　誰（　　　　）わかりません。

③ 東駅（　　　　）降りたいんですが、どこ（　　　　）乗り換えたら　いいですか。

④ 銀行の　角（　　　　）左に　曲がる（　　　　）スーパーが　あります。

⑤ 右（　　　　）曲がる（　　　　）突き当たり（　　　　）交番が　あります。

⑥ この　用紙（　　　　）名前（　　　　）住所（　　　　）書いて　ください。

⑦ 高田駅（　　　　）大西行き（　　　　）乗り換えて　ください。

⑧ 4階（　　　　）上がる（　　　　）、家電売り場（　　　　）あります。

⑨ 大雨（　　　　）時は、どこ（　　　　）も　行かないで　ください。

⑩ どこ（　　　　）何（　　　　）買ったら　いいですか。

2．例の　ように　変えて　ください。
　　例）どう　しましたか。　➡　どう　したんですか。

① 　➡　どこに　書きますか。

— 54 —

② あした　休みたいですか。　➡

_____

③ 何を　して　いますか。　➡

_____

④ スマホを　落としましたか。　➡

_____

3. 例の　ように　質問に　答えて　ください。
例）何が　ありますか。　➡ <u>何も　ありません。</u>

① 誰が　いますか。　➡ _____

② どこへ　行きますか。　➡ _____

③ 誰に　言いますか。　➡ _____

④ どこに　ありますか。　➡ _____

⑤ 何を　書きますか。　➡ _____

⑥ 誰を　誘いましたか。　➡ _____

⑦ 誰から　聞きましたか。　➡ _____

⑧ どこに　売って　いましたか。　➡

_____

4. 例の ように 言葉を 並び替えて 文を 作って ください。

例) 行きたい／八幡神社／行く／どう ➡
　　八幡神社に 行きたいんですが、どう 行ったら いいですか。

① 落とした／する／どう／鍵 ➡

_____

② 何番線／乗る／行く／大山駅 ➡

_____

③ どこ／行きたい／東西銀行／ 曲がる ➡

_____

④ 買う／壊れた／どこ／イヤホン ➡

_____

⑤ つかない／電気／する／どう ➡

_____

⑥ 寮を 出る／作業場に 着きたい／何時／9時 ➡

_____

⑦ どこ／届／出したい／何／書く ➡

_____

5. 次の 地図を 見て、質問に 答えて ください。

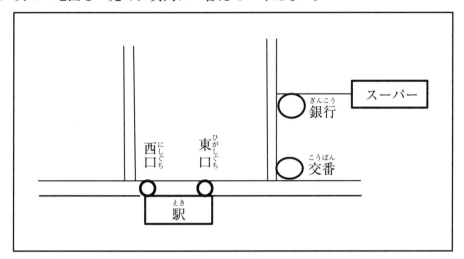

① この 駅には いくつ 出口が ありますか。

_____

② 駅の 東口を 出て、右に 行くと 左の 角に 何が ありますか。

_____

③ スーパーは 交番から どう 行ったら いいですか。

_____

_____

第15課　買い物

1. 次の （　　　）に 適当な 助詞を 入れて ください。要らなかったら、（×）を 書いて ください。

① コーヒー（　　　　） お茶（　　　　　） どっち（　　　　） 好きですか。

② コーヒー（　　　　） ほう（　　　　） 好きです。

③ トマトは 1個（　　　　） 75円です。 3個（　　　　） 210円です。

④ あしたの 朝食は 何（　　　　） しますか。

⑤ あの 店の 営業時間は 午前9時（　　　　） 午後10時（　　　　）です。

⑥ ペットボトルの お茶は 税込（　　　　） 128円です。

⑦ ジャガイモ（　　　　） 産地（　　　　） どこですか。

⑧ ほかの（　　　　） 交換する こと（　　　　） できますか。

2. 例の ように 文を 作って ください。
　　例）牛肉／鶏肉／安い → 牛肉と 鶏肉と どっちが 安いですか。

① バナナ／メロン／高い →

_____

② スーパー／コンビニ／便利 →

_____

③ カレーライス／チャーハン／好き　→

_____

④ 漢字／ひらがな／簡単　→

_____

⑤ この　ダウンジャケット／この　コート／軽い　→

_____

⑥ 新幹線／飛行機／速い　→

_____

例）鶏肉／安い　→　鶏肉の　ほうが　安いです。

⑦ メロン／高い　→　_____

⑧ コンビニ／便利　→　_____

⑨ カレーライス／好き　→　_____

⑩ ひらがな／簡単　→　_____

⑪ この　ダウンジャケット／軽い　→

_____

⑫ 飛行機／速い　→　_____

3. 次の 絵を 見て 答が 出るように、①から ④の 質問を 書いて ください。
   例) 質問：何を 売って いますか。
       答 ：Tシャツを 売って います。

```
┌─────────────────────────────────────────┐
│         ┌───────────────────┐           │
│         │    Tシャツ         │           │
│         └───────────────────┘           │
│                                          │
│          白／黒／ブルー／ピンク          │
│      1枚  980円  税込   3枚  2,600円  税込 │
└─────────────────────────────────────────┘
```

① 質問：Tシャツは ＿＿＿＿＿＿＿＿＿＿＿＿＿＿＿＿＿＿＿＿＿

   答 ：4色 あります。

② 質問：この 中で ＿＿＿＿＿＿＿＿＿＿＿＿＿＿＿＿＿＿＿＿＿

   答 ：黒いのを 買いたいです。

③ 質問：＿＿＿＿＿＿＿＿＿＿＿＿＿＿＿＿＿＿＿＿＿＿＿＿＿＿

   答 ：980円です。

④ 質問：＿＿＿＿＿＿＿＿＿＿＿＿＿＿＿＿＿＿＿＿＿＿＿＿＿＿

   答 ：2,600円です。

4. 第15課の ＜夕食の買い物＞を 理解して、次の 質問に 答えて ください。

① リーさんと マリアさんの 夕食は 何ですか。

_____

② 国産の 鶏肉は 100グラム いくらですか。

_____

③ リーさんと マリアさんは 何グラム 買いましたか。

_____

④ どんな 野菜を 買いましたか。

_____

⑤ 甘口の カレールーに しましたか、中辛に しましたか。

_____

⑥ どうしてですか。

_____

第16課　日常の危機管理

1. 次の　（　　　）に　適当な　助詞を　入れて　ください。

① 台風（　　　）影響（　　　　　　）より　運転を　見合わせて　います。

② いつ　休む（　　　）届（　　　）出して　ください。

③ 砂浜は　サンダル（　　　　）歩きにくいです。

④ バスは　いつ　動く（　　　）わかりません。

⑤ 友だち（　　　）花火大会（　　　　）行きます。

⑥ あっちは　遊泳禁止ですから、泳いで（　　　　）いけません。

⑦ 雪（　　　）凍る（　　　）滑りやすいです。

⑧ 携帯電話（　　　）話しながら　自転車（　　　　）乗らないで　ください。

⑨ 注意報（　　　）出て　いますから、気（　　　　）つけて　ください。

⑩ すぐ（　　　）安全な　場所（　　　　）避難して　ください。

2. 例の　ように　文を　作って　ください。
　　例）強風／運転見合わせ　➡
　　　　　強風に　より　運転見合わせ。
　　　　　強風／運転を　見合わせて　います　➡
　　　　　強風に　より　運転を　見合わせて　います。

① 人身事故／運転見合わせ　➡

---

② 車両故障／運転見合わせ ➡

_____

③ 大雪の影響／不通 ➡

_____

④ 脱線事故／運転を見合わせています ➡

_____

⑤ 車両故障／運転を見合わせています ➡

_____

⑥ 台風の影響／不通です ➡

_____

例）電車はいつ動きますか／わかりません ➡
　　電車はいつ動くかわかりません。

⑦ 何時に始まりますか／教えてください ➡

_____

⑧ 誰が来ますか／わかりません ➡

_____

⑨ いつが　暇ですか／知らせて　ください　➡

_____

⑩ どこが　危険ですか／調べましょう　➡

_____

⑪ どっちが　近いですか／聞きたいです　➡

_____

⑫ 何が　使いやすいですか／考えました　➡

_____

⑬ 誰に　聞いたら　いいですか／わかりません　➡

_____

3. 次の　_____に　「にくい」か　「やすい」を　書いて　ください。

① 雷　は　コンクリートの　建物に　落ち_____です。

② 高い　山は　天気が　変わり_____です。

③ 指導員の　丁寧な　説明は　わかり_____です。

④ 山道は　自転車で　走り_____です。

⑤ 大きい　荷物は　運び_____です。

⑥ 風が　強いと　帽子が　飛び_____です。

⑦ 小さい 漢字は 読み＿＿＿＿＿＿＿です。

⑧ 油で ぬれた 床は 滑り＿＿＿＿＿＿＿です。

4. 次の 中から 正しい 文に （○）を、間違って いる 文に （×）を 入れて
　　ください。

① 「脱線事故に より 不通」は、バスの 事故が あって、バスが 動きませんと
　　いう 意味です。　　　　　　　　　　　　　　　　　　　　（　　　　）

② 夜 自転車に 乗る 時、明るい 服を 着た ほうが いいです。（　　　　）

③ 自転車に 乗る 時、携帯電話で 話しながら 乗っても いいです。（　　　　）

④ 自転車に 乗る 時、お酒を 飲んでは いけません。　　　　　（　　　　）

⑤ 遊泳禁止は 砂浜で 遊んでは いけませんと いう 意味です。（　　　　）

⑥ 泳ぐ 前に、お酒を 飲んでは いけません。　　　　　　　　（　　　　）

⑦ 大雨の 時、急に 川の 水の 量が 増えるかも しれません。（　　　　）

⑧ 雷は 広い 場所や 高い 場所に 落ちにくいです。　　　　　（　　　　）

⑨ 2人で 1台の 自転車に 乗っても いいです。　　　　　　　（　　　　）

⑩ いろいろな 注意報が 出たら、気を つけなければ なりません。（　　　　）

第17課　機械・金属関係

1. 次の （　　　） に　適当な　助詞を　入れて　ください。

① タオル（　　　）首（　　　　　）巻いては　いけません。

② 機械（　　　）引っかかる　こと（　　　）あります。

③ 実習中、指導員（　　　）指示（　　　）従って　ください。

④ 工具（　　　）体（　　　）刺さって、けがしました。

⑤ 勝手（　　　）安全カバー（　　　）外さないで　ください。

⑥ 移動する　時、安全通路（　　　）歩いて　ください。

⑦ 機械（　　　）異常（　　　）起きたら、機械を　止めて　ください。

2. 例の　ように　変えて　ください。
   例）機械に　タオルを　巻き込まれます。　➡
   　　機械に　タオルを　巻き込まれると　危ないです。

① 切りくずが　目に　入ります。　➡

　_____

② 機械に　指を　挟まれます。　➡

　_____

③ 足に　重い　物を　落とします。　➡

　_____

— 66 —

④ 水や　油で　滑ります。　➡

_____

例) 機械に　巻き込まれます。　➡　機械に　巻き込まれる　ことが　あります。

⑤ 難聴に　なります。　➡

_____

⑥ 機械に　手を　挟まれます。　➡

_____

⑦ 切り粉や　切りくずで　けがします。　➡

_____

⑧ 切りくずが　目に　入ると、失明します。　➡

_____

3. 次の　（　　　　）から　一番　適当な　言葉を　入れて　ください。

① 機械を　点検して、異常が　あったら　すぐに ＿＿＿＿＿＿＿に　知らせます。
（技能実習指導員　・　友だち　・　社長）

② 上着の　裾を ＿＿＿＿＿＿＿＿＿の　中に　入れて、ベルトを　します。
（カバン　・　ポケット　・　ズボン）

③ 切りくずが　目に　入らないように、＿＿＿＿＿＿＿＿＿を　つけます。
（保護帽　・　保護めがね　・　安全靴）

④ 音が 大きい 作業場では ＿＿＿＿＿＿＿＿＿＿を します。
（耳栓 ・ マスク ・ 手袋）

⑤ 点検清掃作業の 時、必ず ＿＿＿＿＿＿＿＿＿＿を 切ります。
（電話・ エアコン ・ 機械の スイッチ）

⑥ 機械に 異常が 起きたら、すぐに ＿＿＿＿＿＿＿＿＿＿を 押します。
（緊急停止ボタン ・ 火災報知器 ・ 119）

⑦ 機械に ＿＿＿＿＿＿＿＿＿ を つけた まま、作業を します。
（安全帯 ・ 安全帽 ・ 安全カバー）

4. 例の ように（　　　　）から 一番 適当な 言葉を 選んで 入れて ください。

例）＿＿＿勉強＿＿＿中、テレビを 見ません。

① ＿＿＿＿＿＿＿＿＿＿中、安全カバーを 外さないで ください。

② ＿＿＿＿＿＿＿＿＿＿中です。触らないで ください。

③ ＿＿＿＿＿＿＿＿＿＿中、大声で 話しません。

④ ＿＿＿＿＿＿＿＿＿＿中、スイッチの 故障が わかりました。

⑤ リーさんは 今、国の 両親と ＿＿＿＿＿＿＿＿＿＿中です。

⑥ ＿＿＿＿＿＿＿＿＿＿中は 廊下を 静かに 歩いて ください。

（作業 ・ 勉強 ・ 会議 ・ 点検 ・ 食事 ・ 故障 ・ 電話）

5. _____に　適当な　文を　入れて、①から　⑦を　完成させて　ください。

① 工具を　ポケットに　入れた　まま、_____

_____。

② 安全カバーを　つけた　まま、_____

_____。

③ 機械の　電源を　入れた　まま、_____

_____。

④ 部屋の　電気を　つけた　まま、_____

_____。

⑤ 作業服を　着た　まま、_____

_____。

⑥ 機械の　スイッチを　入れた　まま、_____

_____。

⑦ 靴を　履いた　まま、_____

_____。

第18課　建設関係

1．次の　（　　）に　適当な　助詞を　入れて　ください。

① 打ち合わせは　会議室（　　　　）　いいです。

② 靴ひも（　　　　）　踏む（　　　　）　危ないです。

③ 上着の　裾（　　　　）　ズボン（　　　　）　入れて　ください。

④ 黄色い　線（　　　　）　内側（　　　　）　歩いて　ください。

⑤ 安全靴が　足（　　　　）　合って　いません。

⑥ あごひもの　V字部分（　　　　）　耳（　　　　）　入れましたか。

⑦ 腰（　　　　）　上（　　　　）　フックを　かけて　ください。

⑧ 手すりや　ふた（　　　　）　勝手（　　　　）　外さないで　ください。

⑨ 合図（　　　　）　決めて、お互い（　　　　）　声を　かけましょう。

⑩ 荷台（　　　　）　飛び乗ったり、　荷台（　　　　）　飛び降りたり　しません。

2．例の　ように　変えて　ください。
　　例）上着が　引っかかります。　➡　<u>上着が　引っかかると　危ないです。</u>

① 吊り荷の　下に　入ります。　➡

― 70 ―

② 安全通路が 塞がって います。　➡

___

③ 開口部から 物を 落とします。　➡

___

④ 荷台に 飛び乗ったり、 荷台から 飛び降りたり します。　➡

___

⑤ 足場作業では 安全帯を 使いません。　➡

___

⑥ 手すりや ブレースを 勝手に 外します。　➡

___

⑦ 上から 物を 投げたり、落としたり します。　➡

___

3. 例の ように 文を 作って ください。
　 例）墜落する／安全帯を 使って ください ➡
　　　 墜落しないように 安全帯を 使って ください。

① 保護帽が 動く／あごひもを 締めました ➡

___

② 靴ひもが　ほどける／結びましょう　➡

_____

③ バランスを　崩す／脚立を　昇り降りして　ください　➡

_____

④ 開口部から　物を　落とす／気を　つけます　➡

_____

⑤ 道具類を　落とす／ひもを　つけました　➡

_____

⑥ 感電する／架空電線に　注意して　ください　➡

_____

⑦ つまずいて　転ぶ／安全通路を　確保して　おきます　➡

_____

4. 次の　（　　　）から　一番　適当な　言葉を　入れて　ください。

① 保護帽が　動かないように、＿＿＿＿＿＿＿＿＿＿を　締めます。
（あごひも・　靴ひも・　首）

② 安全靴は　＿＿＿＿＿＿＿＿＿＿＿＿＿＿＿時、足を　守ります。
（重い　ものを　積んだ　・　重い　ものを　踏んだ　・　重い　物を　落とした）

③ 足場作業で　上下の　移動に　＿＿＿＿＿＿＿＿＿　を　使います。
（階段や　はしご　・　エレベーター　・　安全帯）

— 72 —

④ 上下の 共同作業の 時、＿＿＿＿＿＿＿を 決めて お互いに 声を か

けます。

（名前 ・ 合図 ・ 時間）

⑤ 積み卸し作業では できるだけ ＿＿＿＿＿＿＿＿＿で 作業を しません。

（荷台の 上 ・ 吊り荷の 下 ・ 荷台の 横）

⑥ 作業の 後で、廃材は ＿＿＿＿＿＿＿＿＿＿＿。

（捨てます ・ 小さく します ・ 分別します）

⑦ 作業服は ＿＿＿＿＿＿＿＿＿＿ ものを 着ます。

（体より 少し 小さい ・ 体に 合って いる ・ 体より 少し 大きい）

5. 例の ように ＿＿＿＿＿＿に 適当な 言葉や 文を 入れて、文を 完成させ

てください。

例）上着が 引っかかる＿＿＿＿＿と 危ないです。

① 吊り荷の ＿＿＿＿＿＿＿＿＿＿＿＿と 危ないです。

② 墜落しない ように ＿＿＿＿＿＿＿＿＿を 使って ください。

③ 保護帽が 動かない ように ＿＿＿＿＿＿＿＿を 締めて ください。

④ 高い 場所で 作業する 時、フックを ＿＿＿＿＿＿＿＿＿＿＿に

かけます。

⑤ 感電しないように 雨の 時、＿＿＿＿＿で 作業を しないで ください。

⑥ 職長の 指示で 手すりや ふたを 外した 時は、＿＿＿＿＿＿＿＿＿

＿＿＿＿＿＿＿＿＿＿＿＿＿＿＿＿＿＿＿。

1. 次の　（　　　）に　適当な　助詞を　入れて　ください。

① 確認（　　　）ため（　　　　）、質問します。

② 足カバーは　火花（　　　）足（　　　）守ります。

③ 目的（　　　）合わせて、保護めがね（　　　　）選びます。

④ 火花（　　　）飛ぶ（　　　）、火傷します。

⑤ 何（　　　）ため（　　　）保護具（　　　）使いますか。

⑥ 溶接作業では　感電（　　　）気（　　　）つけて　ください。

⑦ 電流が　体（　　　）流れる（　　　）危ないです。

⑧ ケーブル（　　　）傷（　　　）ある（　　　）感電しやすいです。

⑨ この　コンセント（　　　）電気（　　　）取ります。

⑩ 手（　　　）機械（　　　）巻き込まれないように　して　ください。

2. 例の　ように　文を　作って　ください。
   例) 火花から　足を　守ります／足カバーを　使います　➡
   　　火花から　足を　守る　ために、足カバーを　使います。
   　　安全／保護具を　つけなければ　なりません　➡
   　　安全の　ために、保護具を　つけなければ　なりません。

① 確認／試験を　します　➡

② 溶接作業／防じんマスクを　用意して　ください　➡

___

③ 記録／ノートに　書いて　おきます　➡

___

④ 火傷を　防ぎます／足カバーを　使って　ください　➡

___

⑤ アーク光から　目を　守ります／遮光保護面を　使います　➡

___

⑥ 作業に　慣れます／たくさん　練習しましょう　➡

___

例）目的に　合わせます／保護めがねを　選びます　➡
　　目的に　合わせて、保護めがねを　選びます。

⑦ 革の　安全靴を　履きます／足を　守ります　➡

___

⑧ 保護帽を　かぶります／頭を　守ります　➡

___

⑨ 足カバーを 使います／火花から 足を 守ります ➡

_____

⑩ 保護めがねを 洗います／汚れを 取ります ➡

_____

⑪ 機械を 止めます／機械の 掃除を しなければ なりません ➡

_____

⑫ 汗を 乾かします／感電しないように します ➡

_____

⑬ 空気取り入れ口を 手で 塞ぎます／息を 吸って みました ➡

_____

3. 次の （　　　） から 一番 適当な 言葉を 入れて ください。

① 溶接作業で けがしないように、_____ を 履きます。
（長靴 ・ サンダル ・ 安全靴）

② 火花から 足を 守る ために、_____ ください。
（足カバーを 使って ・ タオルを 巻いて ・ 水を 準備して）

③ 防じんマスクは _____ で 交換時期が わかります。
（使った 時間 ・ フィルターの 色 ・ 買った 日）

④ 遮光保護めがねは _____ の 大きさや 形に 合って います。
（顔 ・ 目 ・ 頭）

⑤ 感電しますから、＿＿＿＿＿＿＿＿で 作業を しては いけません。
（乾いた 手 ・ ぬれた 手 ・ 温かい 手）

⑥ 溶接作業では 火花を 防ぐ ために ＿＿＿＿＿＿＿＿を 使います。
（ビニール手袋 ・ 軍手 ・ 革手袋）

4. 次の 質問に 答えて ください。

① 何の ために 安全靴を 履きますか。

＿＿＿＿＿＿＿＿＿＿＿＿＿＿＿＿＿＿＿＿＿＿＿＿

② 何の ために 防じんマスクを 使いますか。

＿＿＿＿＿＿＿＿＿＿＿＿＿＿＿＿＿＿＿＿＿＿＿＿

③ 遮光保護めがねを 使う 時、何が 大切ですか。全部 書いて ください。

＿＿＿＿＿＿＿＿＿＿＿＿＿＿＿＿＿＿＿＿＿＿＿＿

＿＿＿＿＿＿＿＿＿＿＿＿＿＿＿＿＿＿＿＿＿＿＿＿

④ 機械を 掃除する 時、何に 気を つけなければ なりませんか。

＿＿＿＿＿＿＿＿＿＿＿＿＿＿＿＿＿＿＿＿＿＿＿＿

1. 次の　（　　　）に　適当な　助詞を　入れて　ください。

① 技能実習　（　　　　）　健康と　安全（　　　　）　一番　大切です。

② 台車は　どこ（　　　　）　置いて　ありますか。

③ 機械（　　　　）　手入れ（　　　　）　ついて　説明します。

④ 帽子の　中（　　　）　髪の　毛を　入れない（　　　　）、機械に　巻き込まれます。

⑤ 機械（　　　）　ゴミや　材料（　　　）　詰まった　時、ゴミや　材料（　　　）　取り除きます。

⑥ 箱（　　　）　容器は　棚（　　　）　並べて　あります。

⑦ 洗った　作業服（　　　）　身（　　　）　つけるように　して　ください。

⑧ 安全カバー（　　　）　勝手（　　　）　外さないで　ください。

2. 例の　ように　変えて　ください。
　　例）もう一度　非常停止ボタンを　押します。　➡
　　　　もう一度　非常停止ボタンを　押して　みます。

① 作業手順を　指導員に　聞きます。　➡

_____

② 実際に　練習しましょう。　➡

_____

③ もう 一度 機械を 止めて ください。　➡

___

④ 届を 自分で 書きましょう。　➡

___

例) 作業場を きれいに 掃除します。　➡
　　作業場は きれいに 掃除して あります。

⑤ 箱を 棚に 積みます。　➡

___

⑥ 材料を 冷凍庫の 中に しまいます。　➡

___

⑦ 包丁を いつもの 場所に 置きます。　➡

___

⑧ 箱と 容器を 作業台に 並べます。　➡

___

3. _____に 適当な 言葉や 文を 入れて、文を 完成させて ください。

① 台車は _____に 置いて あります。

② 通路には を _____。

③ 包丁等の 道具は _____に _____ あります。

④ 床に 水や 油が あると _____。

⑤ 食品製造の 作業を する 時、傷が あると、_____

_____。

4. 次の 中から 正しい 文に （○） を、間違って いる 文に （×） を 入れて ください。

① 髪の 毛は 帽子の 中に 入れなくても いいです。　　　（　　　）

② 指に 傷が あると 衛生的では ありません。　　　（　　　）

③ 機械を 動かしながら ゴミや 材料を 取り除いても いいです。（　　　）

④ 機械の 安全カバーを 勝手に 外しては いけません。　（　　　）

⑤ 非常停止ボタンを 押して 機械を 止める 練習を しなくても いいです。
　　　　　　　　　　　　　　　　　　　　　　　　　　　（　　　）

⑥ 床は 水や 油で よく ぬれますから、拭かなくても いいです。（　　　）

⑦ 食品衛生は 大切ですから、いつも 清潔な 作業服を 身に つけましょう。
　　　　　　　　　　　　　　　　　　　　　　　　　　　（　　　）

⑧ 作業服が 機械に 巻き込まれないように 正しく 着なければ なりません。

（　　　　　）

⑨ 食品製造業の 事故では 切り傷や 擦り傷は 多くないです。 （　　　　　）

⑩ 整理整頓を して、道具等は いつもと 同じ 場所に 置かなければ なりません。

（　　　　　）

5. 次の 質問に 答えて ください。

① 毎日 どんな 保護具や 用具を 使いますか。

_____

② 作業で 使う 道具は どこに 置いて ありますか。

_____

③ どうして 通路に 物を 置いては いけませんか。

_____

④ 機械に ゴミや 材料が 詰まった 時、どうして 機械を 止めますか。

_____

第21課　繊維・衣服関係

1. 次の（　　　）に 適当な 助詞を 入れて ください。

① ミシン針（　　　）爪（　　　）刺さりました。

② 傷（　　　）手当て（　　　）しましょう。

③ アイロン（　　　）火傷したら、すぐに 水（　　　）冷やして ください。

④ 血（　　　）止まりません。

⑤ ガーゼ（　　　）傷口（　　　）押さえて ください。

⑥ 布地（　　　）裁断して いて、指（　　　）切りました。

⑦ 13時まで（　　　）ここ（　　　）戻って きて ください。

⑧ 箱（　　　）1階（　　　）運びました。

⑨ 気分（　　　）悪く なりました。

⑩ 外（　　　）出て（　　　）いいですか。

2. 例の ように 変えて ください。
　　例）裾を 縫う。　➡　裾を 縫って いました。

① 布地を 切る。　➡　＿＿＿＿＿＿＿＿＿＿＿＿＿＿＿＿＿＿＿＿＿

② 箱を 運ぶ。　➡　＿＿＿＿＿＿＿＿＿＿＿＿＿＿＿＿＿＿＿＿＿

③ 床を 拭く。　➡　＿＿＿＿＿＿＿＿＿＿＿＿＿＿＿＿＿＿＿＿＿

④ 道具を　片付ける。　➡ _____

⑤ アイロンを　かける。　➡ _____

⑥ 食堂で　休憩する。　➡ _____

⑦ 作業場を　掃除する。　➡ _____

例）救急箱を　取る。　➡ <u>救急箱を　取って　きます。</u>

⑧ ゴミを　捨てる。　➡ _____

⑨ 窓を　開ける。　➡ _____

⑩ 道具を　しまう。　➡ _____

⑪ 道具を　置く。　➡ _____

⑫ タバコを　吸う。　➡ _____

⑬ 水を　飲む。　➡ _____

⑭ 電気を　つける。　➡ _____

例）2つ　ある　➡ <u>2つしか　ありません。</u>

⑮ 子ども服を　作る。　➡

_____

⑯ 黒い シャツを 着る。　➡

_____

⑰ ズボンを 持って いる。　➡

_____

⑱ ミシンを 使う。　➡

_____

⑲ 棚の 上に 置く。　➡

_____

⑳ はさみで 切る。　➡

_____

3. 例の ように 文を 作って ください。
　　例) アイロンを かけて いました／火傷しました　➡
　　　　アイロンを かけて いて、火傷しました。

① 布地を 裁断して いました／指を 切りました　➡

_____

② 朝から 同じ 作業を して いました／疲れました　➡

_____

③ 2階に 箱を 運んで いました／階段から 箱を 落としました

④ コンセントの 周りが ぬれて いました／感電しました　➡

⑤ ミシンで 縫って いました／針が 指に 刺さりました　➡

⑥ 衿に アイロンを かけて いました／火傷しました　➡

4．次の 質問に 答えて ください。

① 1日の 作業の 後で、どの ように 整理整頓を しますか。

② ミシンが 動かない 時、どう したら いいですか。

③ アイロン作業で 何に 注意しますか。

第1課<ruby>第1課<rt>だい か</rt></ruby>

1．①で、を　②から、まで　③を
　　④が　⑤が　⑥に、で　⑦を、に
　　⑧に　⑨に　⑩が
2．①<ruby>経験<rt>けいけん</rt></ruby>を　<ruby>生<rt>い</rt></ruby>かしたいです。
　　②<ruby>技能検定<rt>ぎのうけんてい</rt></ruby><ruby>試験<rt>しけん</rt></ruby>に　<ruby>合格<rt>ごうかく</rt></ruby>したいです。
　　③<ruby>日本人<rt>にほんじん</rt></ruby>と　<ruby>友<rt>とも</rt></ruby>だちに　なりたいです。
　　④テーマパークに　<ruby>行<rt>い</rt></ruby>きたいです。
　　⑤<ruby>国<rt>くに</rt></ruby>に　<ruby>帰<rt>かえ</rt></ruby>りたくないです。
　　⑥<ruby>雨<rt>あめ</rt></ruby>の　<ruby>日<rt>ひ</rt></ruby>に　<ruby>出<rt>で</rt></ruby>かけたくないです。
　　⑦<ruby>技能実習<rt>ぎのうじっしゅう</rt></ruby>を　<ruby>休<rt>やす</rt></ruby>みたくないです。
　　⑧<ruby>日曜日<rt>にちようび</rt></ruby>は　<ruby>寮<rt>りょう</rt></ruby>に　いたくないです。
　　⑨<ruby>社長<rt>しゃちょう</rt></ruby>に　なりました。
　　⑩25<ruby>才<rt>さい</rt></ruby>になりました。
　　⑪5<ruby>時<rt>じ</rt></ruby>に　なりました。
　　⑫<ruby>月曜日<rt>げつようび</rt></ruby>に　なりました。
　　⑬<ruby>春<rt>はる</rt></ruby>に　なりました。
3．①<ruby>作業<rt>さぎょう</rt></ruby>は　<ruby>工場<rt>こうじょう</rt></ruby>で、<ruby>試験<rt>しけん</rt></ruby>は　<ruby>会議室<rt>かいぎしつ</rt></ruby>
　　です。
　　②<ruby>土曜日<rt>どようび</rt></ruby>は　12<ruby>時<rt>じ</rt></ruby>までで、<ruby>日曜日<rt>にちようび</rt></ruby>は
　　<ruby>休<rt>やす</rt></ruby>みです。
　　③<ruby>今月<rt>こんげつ</rt></ruby>は　<ruby>森指導員<rt>もりしどういん</rt></ruby>で、<ruby>来月<rt>らいげつ</rt></ruby>は
　　<ruby>林指導員<rt>はやししどういん</rt></ruby>です。
　　④<ruby>仕事<rt>しごと</rt></ruby>が　<ruby>終<rt>お</rt></ruby>わったら、<ruby>日本語<rt>にほんご</rt></ruby>の
　　<ruby>勉強<rt>べんきょう</rt></ruby>です。
　　⑤<ruby>寮<rt>りょう</rt></ruby>に　<ruby>戻<rt>もど</rt></ruby>ったら、<ruby>買<rt>か</rt></ruby>い<ruby>物<rt>もの</rt></ruby>に
　　<ruby>行<rt>い</rt></ruby>きます。
　　⑥<ruby>説明<rt>せつめい</rt></ruby>を　<ruby>聞<rt>き</rt></ruby>いたら、<ruby>作業<rt>さぎょう</rt></ruby>を　<ruby>始<rt>はじ</rt></ruby>め
　　ます。
　　⑦20<ruby>分<rt>ぷん</rt></ruby>　<ruby>休<rt>やす</rt></ruby>んだら、<ruby>機械<rt>きかい</rt></ruby>の　<ruby>操作<rt>そうさ</rt></ruby>を

<ruby>教<rt>おし</rt></ruby>えます。
4．①<ruby>例<rt>れい</rt></ruby>）<ruby>月曜日<rt>げつようび</rt></ruby>から　<ruby>金曜日<rt>きんようび</rt></ruby>までです。
　　②<ruby>例<rt>れい</rt></ruby>）シャワーを　<ruby>浴<rt>あ</rt></ruby>びます。
　　③<ruby>例<rt>れい</rt></ruby>）<ruby>旋盤<rt>せんばん</rt></ruby>の　<ruby>技能<rt>ぎのう</rt></ruby>を　<ruby>身<rt>み</rt></ruby>につけたい
　　です。
　　④<ruby>例<rt>れい</rt></ruby>）2<ruby>級<rt>きゅう</rt></ruby>です。
　　⑤<ruby>例<rt>れい</rt></ruby>）<ruby>工場長<rt>こうじょうちょう</rt></ruby>に　なりたいです。

第2課<ruby>第2課<rt>だい か</rt></ruby>

1．①に　②に、に　③に、を
　　④に、を　⑤を、に　⑥を、に
　　⑦で、を　⑧に
2．①<ruby>毎日<rt>まいにち</rt></ruby>　あいさつを　するようにして
　　ください。
　　②<ruby>点検<rt>てんけん</rt></ruby>を　<ruby>忘<rt>わす</rt></ruby>れないように　します。
　　③<ruby>寮<rt>りょう</rt></ruby>の　きまりを　<ruby>守<rt>まも</rt></ruby>るように
　　します。
　　④お<ruby>金<rt>かね</rt></ruby>を　たくさん　<ruby>使<rt>つか</rt></ruby>わないように
　　します。
　　⑤スーパーは　<ruby>今日<rt>きょう</rt></ruby>　<ruby>休<rt>やす</rt></ruby>みかも
　　しれません。
　　⑥あしたは　<ruby>林指導員<rt>はやししどういん</rt></ruby>じゃないかも
　　しれません。
　　⑦あしたは　<ruby>寒<rt>さむ</rt></ruby>いかも　しれません。
　　⑧<ruby>土曜日<rt>どようび</rt></ruby>は　<ruby>天気<rt>てんき</rt></ruby>が　よくないかも
　　しれません。
　　⑨<ruby>午後<rt>ごご</rt></ruby>　<ruby>第一工場<rt>だいいちこうじょう</rt></ruby>に<ruby>行<rt>い</rt></ruby>くかも　しれ
　　ません。
　　⑩<ruby>来週<rt>らいしゅう</rt></ruby><ruby>台風<rt>たいふう</rt></ruby>が　<ruby>来<rt>こ</rt></ruby>ないかも　しれま
　　せん。

3. ①指導員の 指示に したがって 機械を 操作します。
　②ルールにしたがって ゴミを 出します。
　③職場の きまりに したがって 届を 書きます。
　④木曜日までに 知らせて ください。
　⑤1日前までに 届を出して ください。
　⑥30才までに 工場長に なりたいです。
4. ①きまり ②遅く なりました ③休暇届 ④指示 ⑤あいさつ ⑥早退

第3課

1. ①に ②が、で ③を ④が ⑤と、を ⑥が ⑦から、が ⑧が ⑨と、が ⑩から、が
2. ①プラグが 緩んで います。
　②床に ゴミが 落ちて います。
　③床が 水で ぬれて います。
　④赤い ランプが ついて います。
　⑤蛍光灯が 切れそうです。
　⑥はしごが 倒れそうです。
　⑦箱が 落ちそうです。
　⑧作業服が 雨でぬれそうです。
　⑨工具を 作業台に 並べて おきます。
　⑩部品を 倉庫から 出して おきます。
　⑪安全通路を 確保して おきます。
　⑫工具を 工具箱に 入れて おきます。

3. ①落ちて ②塞がって ③臭い ④音 ⑤ぬれて
4. ①—b、②—e、③—i、④—h、⑤—c、⑥—f、⑦—d、⑧—g

第4課

1. ①で、を、は ②に、も ③に、を ④と ⑤が ⑥で ⑦を ⑧が ⑨と ⑩が ⑪と ⑫の、に、は
2. ①ここで タバコを 吸っても いいです。
　②えんぴつで 書いても いいです。
　③この 機械を 使っても いいです。
　④ここで 写真を 撮っては いけません。
　⑤この 中に 入っては いけません。
　⑥門の 前に 車を 止めては いけません。
3. ①歩いても いいです。
　②使っては いけません。
　③帰っては いけません。
　④休んでも いいです。
　⑤触っては いけません。
　⑥かぶっても いいです。
4. ①「ひじょうぐち」と 読みます。
　②「たちいりきんし」と 読みます。入っては いけませんと いう 意味です。
　③注意して くださいと いう 意味です。
　④保護帽を かぶって くださいと いう 意味です。

第5課
<ruby>第<rt>だい</rt></ruby>5<ruby>課<rt>か</rt></ruby>

1. ①に、を、に、を　②に　③を、に
   ④に、を　⑤から、に　⑥で、を、に
   ⑦に、を　⑧で、を
2. ①メモしながら　<ruby>説明<rt>せつめい</rt></ruby>を　<ruby>聞<rt>き</rt></ruby>きました。
   ②<ruby>お茶<rt>ちゃ</rt></ruby>を　<ruby>飲<rt>の</rt></ruby>みながら　<ruby>休憩<rt>きゅうけい</rt></ruby>しま
   しょう。
   ③<ruby>話<rt>はな</rt></ruby>しながら　<ruby>作業<rt>さぎょう</rt></ruby>を　しては
   いけません。
   ④<ruby>指差<rt>ゆびさ</rt></ruby>しを　しながら　<ruby>安全<rt>あんぜん</rt></ruby>を　<ruby>確認<rt>かくにん</rt></ruby>
   します。
   ⑤<ruby>手順書<rt>てじゅんしょ</rt></ruby>を　<ruby>見<rt>み</rt></ruby>ながら　<ruby>作業<rt>さぎょう</rt></ruby>を　し
   て　ください。
   ⑥<ruby>歩<rt>ある</rt></ruby>きながら　スマホを　<ruby>操作<rt>そうさ</rt></ruby>しては
   いけません。
3. ①メモしなければ　なりません。
   ②<ruby>書<rt>か</rt></ruby>かなくても　いいです。
   ③<ruby>使<rt>つか</rt></ruby>わなくても　いいです。
   ④かぶらなければ　なりません。
   ⑤<ruby>報告<rt>ほうこく</rt></ruby>しなければ　なりません。
   ⑥<ruby>来<rt>こ</rt></ruby>なければ　なりません。
4. ②—d、③—e、④—a、⑤—c
5. ①はい、つけなければ　なりません。
   （または）いいえ、つけなくても
   いいです。
   ②はい、<ruby>履<rt>は</rt></ruby>かなくても　いいです。（ま
   たは）いいえ、<ruby>履<rt>は</rt></ruby>かなければ　な
   りません。
   ③はい、<ruby>作業<rt>さぎょう</rt></ruby>を　しなければ　なり
   ません。（または）いいえ、<ruby>作業<rt>さぎょう</rt></ruby>
   を　しなくても　いいです。
   ④はい、<ruby>指差<rt>ゆびさ</rt></ruby>しを　しながら　<ruby>始業<rt>しぎょう</rt></ruby>
   <ruby>点検<rt>てんけん</rt></ruby>を　します。
   ⑤いいえ、<ruby>話<rt>はな</rt></ruby>しながら　<ruby>作業<rt>さぎょう</rt></ruby>を　し

ては　いけません。
⑥<ruby>整理<rt>せいり</rt></ruby>、<ruby>整頓<rt>せいとん</rt></ruby>、<ruby>清掃<rt>せいそう</rt></ruby>、<ruby>清潔<rt>せいけつ</rt></ruby>、<ruby>習慣<rt>しゅうかん</rt></ruby>

第6課
<ruby>第<rt>だい</rt></ruby>6<ruby>課<rt>か</rt></ruby>

1. ①を　②を、に　③に、を　④を、で
   ⑤に、を　⑥を、に　⑦の、を
   ⑧に、を　⑨を、で　⑩で
2. ①あした　<ruby>使<rt>つか</rt></ruby>う　<ruby>工具<rt>こうぐ</rt></ruby>を　<ruby>作業台<rt>さぎょうだい</rt></ruby>に
   <ruby>並<rt>なら</rt></ruby>べます。
   ②<ruby>使<rt>つか</rt></ruby>った　<ruby>治具<rt>じぐ</rt></ruby>を　<ruby>倉庫<rt>そうこ</rt></ruby>に　しまって
   ください。
   ③<ruby>汚<rt>よご</rt></ruby>れた　<ruby>作業服<rt>さぎょうふく</rt></ruby>を　<ruby>洗<rt>あら</rt></ruby>わなければ
   なりません。
   ④<ruby>落<rt>お</rt></ruby>ちている　ゴミを　<ruby>拾<rt>ひろ</rt></ruby>って　くださ
   い。
   ⑤<ruby>作業場<rt>さぎょうば</rt></ruby>を　<ruby>片付<rt>かたづ</rt></ruby>ける　<ruby>順番<rt>じゅんばん</rt></ruby>が　わ
   かりますか。
   ⑥<ruby>昨日<rt>きのう</rt></ruby>　<ruby>倉庫<rt>そうこ</rt></ruby>に　しまった　<ruby>工具箱<rt>こうぐばこ</rt></ruby>が
   ありません。
   ⑦わからない<ruby>言葉<rt>ことば</rt></ruby>を　<ruby>教<rt>おし</rt></ruby>えて　くださ
   い。
   ⑧<ruby>工具<rt>こうぐ</rt></ruby>の　<ruby>汚<rt>よご</rt></ruby>れを　<ruby>取<rt>と</rt></ruby>って、<ruby>使<rt>つか</rt></ruby>う
   <ruby>順番<rt>じゅんばん</rt></ruby>に　<ruby>並<rt>なら</rt></ruby>べます。
   ⑨<ruby>床<rt>ゆか</rt></ruby>を　<ruby>掃<rt>は</rt></ruby>いて、モップで　<ruby>拭<rt>ふ</rt></ruby>きます。
   ⑩<ruby>工具<rt>こうぐ</rt></ruby>を<ruby>片付<rt>かたづ</rt></ruby>けて、<ruby>掃除機<rt>そうじき</rt></ruby>を　かけま
   す。
   ⑪<ruby>治具<rt>じぐ</rt></ruby>を　<ruby>倉庫<rt>そうこ</rt></ruby>に　しまって、<ruby>作業<rt>さぎょう</rt></ruby>
   <ruby>場<rt>ば</rt></ruby>を　<ruby>掃除<rt>そうじ</rt></ruby>します。
   ⑫<ruby>終業点検<rt>しゅうぎょうてんけん</rt></ruby>をして、<ruby>指導員<rt>しどういん</rt></ruby>に　<ruby>報告<rt>ほうこく</rt></ruby>
   します。
   ⑬テレビを　<ruby>見<rt>み</rt></ruby>て、シャワーを　<ruby>浴<rt>あ</rt></ruby>び
   て、10<ruby>時<rt>じ</rt></ruby>に　<ruby>寝<rt>ね</rt></ruby>ます。
   ⑭<ruby>電源<rt>でんげん</rt></ruby>を　<ruby>切<rt>き</rt></ruby>って、ガスの　<ruby>元栓<rt>もとせん</rt></ruby>を
   <ruby>閉<rt>し</rt></ruby>めて、<ruby>戸締<rt>とじま</rt></ruby>りをします。

3．①例）始業点検を　します
　②例）技能実習に　行く
　③例）窓を　閉めて、鍵を　かけます
　④例）整理整頓を　します
　⑤例）指導員に　報告します
　⑥例）寮に　帰った
4．①例）倉庫に　片付けます。
　②例）洗って、乾かします。
　③例）掃除機と　ぞうきんで　掃除し
　　　ます。
　④例）はい、時々　勉強します。
　⑤例）はい、毎日　整理整頓を　しま
　　　す。

第7課

1．①を、に　②が　③が　④を、が
　⑤を、から、に　⑥を　⑦の、を
　⑧に　⑨を　⑩を、に
2．①グラインダーを　うまく　使う　こ
　　とが　できました。
　②作業の　手順を　覚える　ことが
　　できました。
　③職場の　きまりを　守る　ことが
　　できませんでした。
　④1時までに　戻る　ことが　できませ
　　んでした。
　⑤辞書を　使いながら　日本語の本を
　　読む　ことが　できました。
　⑥階段から　落ちて　しまいました。
　⑦作業場で　転んで　しまいました。
　⑧作業の　コツを　忘れて　しまい
　　ました。
　⑨工具で　指を　切ってしまいました。
　⑩立入禁止の　場所に　入って　しま

いました。
3．①毎日　練習したら　合格します。
　②作業の　手順が　わからなかった
　　ら　指導員に　質問して　ください。
　③繰り返さなかったら　覚えませんよ。
　④そこに　箱を　置いたら　安全通路
　　が　塞がります。
　⑤マニュアルを　読んだら　手順が
　　わかりますよ。
4．①明るく　②小さく　③きれいに
　④新しく　⑤に　⑥例）忘れません
　⑦例）指導員に　聞きます
　⑧例）忘れて　しまいます
　⑨例）汚れて
　⑩例）壊れて　しまいました
　⑪例）機械を　操作する
　⑫例）失敗し

第8課

1．①で　②に　③の、に　④を
　⑤を、を、に　⑥から、に　⑦を、に
　⑧を、と　⑨の、を　⑩を、と
2．①台風の　時、出かけないで　くださ
　　い。
　②指導員に　知らせる　時、携帯電話
　　を　使います。
　③作業を　して　いる　時、隣の　人
　　と　話しません。
　④寮に　着いた　時、5時30分でし
　　た。
　⑤機械を　使わない　時、電源を　切
　　ります。
　⑥何を　使ったら　いいですか。
　⑦誰に　報告したら　いいですか。

⑧何時に　戻ったら　いいですか。

⑨どこに　置いたら　いいですか。

⑩どう　したら　いいですか。

⑪消防車の　呼び方を　教えて　ください。

⑫安全ピンの　抜き方がわかりません。

⑬避難場所までの　行き方を　書きましょう。

⑭部屋を　出ると　消火器が　あります。

⑮ボタンを　押さないと　機械が　動きません。

⑯マニュアルを　読まないと　わかりません。

⑰機械を　触ると　熱いです。

3．①地震　②119番　③火災報知器
　　④両手

4．①例）大声で　知らせます。
　　②例）テーブルの　下に　隠れます。
　　③例）1号室の　前に　あります。

第9課

1．①に、を　②に　③に、を　④か、が
　　⑤が　を　⑥に、を　⑦と
　　⑧から、を　⑨が、に　⑩に、を

2．①箱に　つまずいて、転びました。
　　②薬品が　こぼれて、床が　ぬれました。
　　③手が　滑って、製品を　落としました。
　　④薬品を　触って、火傷しました。
　　⑤油が　漏れて、床が　汚れました。
　　⑥停電ですから、しばらく　そこで　動かないで　ください。

⑦今日は　暑いですから、熱中症に　気を　つけて　ください。

⑧指導員から　説明を　聞きましたから、よく　わかりました。

⑨火傷しませんでしたから、大丈夫です。

⑩危険ですから、機械を　触らないように　しましょう。

3．①救急車を　呼んで。
　　②薬品を　触らないで。
　　③大丈夫ですよ。落ち着いて。
　　④その　機械は　使わないで。
　　⑤早く　機械を　止めて。
　　⑥こっちに　来ないで。

4．①手が　滑って
　　②触りませんでした
　　③片付けました

5．①例）その　場所を　動きません。
　　②119番です。
　　③例）「すぐに　機械を　止めて。」と　言います。
　　④例）「アンディさんが　階段から　落ちた。」と　言います。

第10課

1．①が　②に、も　③の、の　④の、で
　　⑤が　⑥が　⑦の、が　⑧が、を
　　⑨に、を　⑩に、が　⑪で、が
　　⑫が、に　⑬に、を　⑭に、が

2．①ジャケットを　着た　ほうが　いいです。
　　②部屋から　出ないほうが　いいです。
　　③シャワーを　浴びない　ほうが　いいです。

④帽子を　かぶった　ほうが　いいです。

⑤早く　寝た　ほうが　いいです。

⑥作業場に　来ない　ほうが　いいです。

⑦吸わない　ほうが　いいです。

⑧食べた　ほうが　いいです。

⑨出かけない　ほうが　いいです。

⑩浴びない　ほうが　いいです。

⑪知らせた　ほうが　いいです。

⑫測った　ほうが　いいです。

3．②—c、③—e、④—d、⑤—a

4．①例）帰って　休んだ

②例）します　早退して

③下がったら

④の

⑤例）寒気が　します

5．①3回　②4日分

③食事の　後で　飲みます。

④カプセルを　1個と　錠剤を　2錠　飲みます。

第11課

1．①に　②に、に　③に　④には

⑤と　⑥と、に　⑦が　⑧に

⑨に、を　⑩に

2．①さしみを　食べた　ことが　ありません。

②日本で　風邪を　ひいた　ことが　あります。

③日本語の　歌を　歌った　ことが　ありません。

④生活指導員に　相談した　ことが　あります。

⑤日本の　マンガを読んだ　ことが　ありません。

⑥富士山に　登った　ことが　あります。

3．①部屋で　本を　読んだり、テレビを　見たり　します。

②友だちと　サッカーを　したり、プールで　泳いだりします。

③買い物に　行ったり、料理を　作ったり　します。

④公園を　歩いたり、走ったり　します。

⑤作業着を　洗ったり、部屋を　片付けたり　します。

⑥友だちの　家に　行ったり、友だちが　家に　来たり　します。

4．①父が　病気に　なりました。

②天気が　よく　なりました。

③作業場が　きれいに　なりました。

④技能実習が　楽しく　なりました。

⑤9月に　25才に　なりました。

5．①例）はい、あります。

②例）買い物に　行ったり、本を　読んだりします。

③例）音楽を　聞きます。

④例）いいえ、ありません。

⑤例）生活指導員に　相談します。

第12課

1．①の、に　②に　③に、に　④も

⑤で　⑥に　⑦に　⑧から、と

⑨を、に　⑩で、が

2．①この　道具は　便利そうです。

②日本の　おかしは　甘そうです。

③あしたは 天気が よさそうです。
④親子どんぶりの 作り方は 簡単そ
　うです。
3. ①こうやって 棒の ように 延ばし
　ます。
　②手を 使って 生地を こねて く
　ださい。
　③エプロンを つけて 汚れないよう
　に しましょう。
　④従業員と 一緒に 料理を
　作って 友だちに なりました。
　⑤糸の ように 細く 切って くだ
　さい。
　⑥石の ように 硬くなりました。
　⑦ケーキの ように 甘い においが
　します。
　⑧薬のように 苦い 味が しまし
　た。
　⑨日本人の ように 日本語が 上
　手です。
4. ①先週 食べました。
　②鶏肉と 卵を 使いますから。
　③いいえ、簡単です。
　④いいえ、使わなくても いいです。
　⑤醤油と みりんを 使います。
5. ①した 後も 作る ことが できま
　す
　②料理 日本舞踊です
　③日本の 伝統的な
　④見た ことが あります
　⑤静かそう 滝の ように 汗を か
　きます

第13課

1. ①の ②の、が ③の、も ④を、に
　⑤で、で ⑥が ⑦の ⑧が
　⑨で、と ⑩で
2. ①この 犬は ぬいぐるみの ようで
　す。
　②今日は 夏の ようです。
　③マリアさんは ファッションモデル
　の ようです。
　④歌手の ような 声でした。
　⑤花の ような においが します。
　⑥ホテルの ような 家に 住んでい
　ます。
　⑦春だけじゃ なくて 秋にも 咲き
　ます。
　⑧ベトナムだけじゃ なくて、中国
　でも 食べます。
　⑨スポーツ大会だけじゃ なくて、盆
　踊りにも 参加したいです。
　⑩技能実習だけじゃ なくて、日本
　語の 勉強も 頑張ります。
　⑪桜は 見るだけじゃなくて、おか
　しにも 使います。
　⑫ビーフンは 米の 粉で 作ります。
　⑬豆腐は 大豆で 作ります。
　⑭クッキーは 小麦粉と 卵と バ
　ターで 作ります。
　⑮ジャムはくだものと 砂糖で 作り
　ます。
3. ①フォーと チェーを 作り
　②食べた こと
　③冷たいの 温かいの
　④豆
　⑤体が 温かく なりそうです

4．①蓮の 花です。
②実を 食べたり、花で お茶を
作ったり します。
③王様の ような 花です。
④八幡神社や 西公園で 見る こと
が できます。

第14課

1．①も　②まで、も　③で、で
④を、と　⑤に、と、に
⑥に、と、を　⑦で、に
⑧に、と、が　⑨の、へ　⑩で、を
2．①どこに 書くんですか。
②あした 休みたいんですか。
③何を して いるんですか。
④スマホを 落としたんですか。
3．①誰も いません。
②どこへも 行きません。
③誰にも 言いません。
④どこにも ありません。
⑤何も 書きません。
⑥誰も 誘いませんでした。
⑦誰からも 聞きませんでした。
⑧どこにも 売って いませんでした。
4．①鍵を 落としたんですが、どう し
たら いいですか。
②大山駅に 行くんですが、何番線に
乗ったらいいですか。
③東西銀行に 行きたいんですが、ど
こを 曲がったらいいですか。
④イヤホンが 壊れたんですが、どこ
で 買ったら いいですか。
⑤電気が つかないんですが、どう
したら いいですか。

⑥9時に 作業場に 着きたいんで
すが、何時に 寮を 出たら い
いですか。
⑦届を 出したいんですが、どこに
何を 書いたら いいですか。
5．①2つ あります。
②交番が あります。
③まっすぐ 行って、銀行を 右に
曲がると、突き当たりにあります。

第15課

1．①と、と、が　②の、が　③×、で
④に　⑤から、まで　⑥で　⑦の、は
⑧と、が
2．①バナナと メロンと どっちが 高
いですか。
②スーパーと コンビニと どっちが
便利ですか。
③カレーライスと チャーハンとどっ
ちが 好きですか。
④漢字とひらがなと どっちが 簡単
ですか。
⑤この ダウンジャケットと この
コートと どっちが 軽いですか。
⑥新幹線と 飛行機と どっちが 速
いですか。
⑦メロンの ほうが 高いです。
⑧コンビニの ほうが 便利です。
⑨カレーライスの ほうが 好きです。
⑩ひらがなの ほうが 簡単です。
⑪この ダウンジャケットの ほうが
軽いです。
⑫飛行機の ほうが 速いです。
3．①何色 ありますか。

②何色の Tシャツを 買いたいです
か。
③Tシャツは 1枚 いくらですか。
④3枚で いくらですか。

4. ①チキンカレーです。
②118円です。
③500グラムです。
④ニンジンと 玉ネギと ジャガイモ
を 買いました。
⑤中辛に しました。
⑥マリアさんは 中辛の ほうが好
きだからです。

第16課

1. ①の、に ②か、を ③で ④か
⑤と、に ⑥は ⑦が、と ⑧で、に
⑨が、を ⑩に、に
2. ①人身事故に より 運転見合わせ。
②車両故障に より 運転見合わせ。
③大雪の 影響に より 不通。
④脱線事故に より 運転を 見合わ
せて います。
⑤車両故障に より 運転を 見合わ
せて います。
⑥台風の 影響に より 不通です。
⑦何時に 始まるか 教えて くださ
い。
⑧誰が 来るか わかりません。
⑨いつが 暇か 知らせてください。
⑩どこが 危険か 調べましょう。
⑪どっちが 近いか聞きたいです。
⑫何が 使いやすいか 考えました。
⑬誰に 聞いたら いいか わかりま
せん。

3. ①にくい ②やすい ③やすい
④にくい ⑤にくい ⑥やすい
⑦にくい ⑧やすい
4. ①× ②○ ③× ④○ ⑤×
⑥○ ⑦○ ⑧× ⑨× ⑩○

第17課

1. ①を、に ②に、が ③の、に
④が、に ⑤に、を ⑥を ⑦に、が
2. ①切りくずが 目に 入ると 危ない
です。
②機械に 指を 挟まれると 危ない
です。
③足に 重い物を 落とすと 危ない
です。
④水や 油で 滑ると 危ないです。
⑤難聴に なる ことが あります。
⑥機械に 手を 挟まれる ことがあ
ります。
⑦切り粉や 切りくずで けがする
ことが あります。
⑧切りくずが 目に 入ると 失明す
る ことが あります。

3. ①技能実習指導員
②ズボン
③保護めがね
④耳栓
⑤機械の スイッチ
⑥緊急停止ボタン
⑦安全カバー
4. ①作業 ②故障 ③勉強 ④点検
⑤電話 ⑥会議
5. ①例) 作業を しては いけません
②例) 作業を して ください

③例）作業場から 離れないで くだ
さい
④例）技能実習に 行ってしまいま
した
⑤例）夕食を 食べないで くださ
い
⑥例）点検清掃作業を すると 危
ないです
⑦例）家に 入らないで ください

第18課

1. ①で ②を、と ③を、に ④の、を
⑤に ⑥に、を ⑦より、に
⑧を、に ⑨を、に ⑩に、から
2. ①吊り荷の 下に 入ると 危ないで
す。
②安全通路が 塞がって いると 危
ないです。
③開口部から 物を 落とすと 危な
いです。
④荷台に 飛び乗ったり、荷台から飛
び降りたり すると 危ないです。
⑤足場作業では 安全帯を 使わな
いと 危ないです。
⑥手すりや ブレースを 勝手に 外
すと 危ないです。
⑦上から 物を 投げたり、落とした
り すると 危ないです。
3. ①保護帽が 動かないように あごひ
もを 締めました。
②靴ひもがほどけないように 結びま
しょう。
③バランスを 崩さないように 脚立
を 昇り降りして ください。

④開口部から 物を 落とさないよう
に 気を つけます。
⑤道具類を 落とさないように ひも
を つけました。
⑥感電しないように 架空電線に 注
意して ください。
⑦つまずいて 転ばないように 安全
通路を 確保して おきます。
4. ①あごひも
②重い 物を 落とした
③階段や はしご
④合図
⑤荷台の 上
⑥分別します
⑦体に 合って いる
5. ①下に 入る
②安全帯
③あごひも
④腰より 上
⑤屋外
⑥作業の 後で すぐに 戻して
ください

第19課

1. ①の、に ②から、を ③に、を
④が、と ⑤の、に、を ⑥に、を
⑦を、と ⑧に、が、と ⑨から、を
⑩を、に
2. ①確認の ために、試験を します。
②溶接作業の ために、防じんマス
クを 用意して ください。
③記録の ために、ノートに 書いて
おきます。
④火傷を 防ぐ ために、足カバーを

使って ください。

⑤アーク光から 目を 守る ため
に、遮光保護面を 使います。

⑥作業に 慣れる ために、たくさ
ん 練習しましょう。

⑦革の 安全靴を 履いて、足を 守
ります。

⑧保護帽を かぶって、頭を 守り
ます。

⑨足カバーを使って、火花から 足を
守ります。

⑩保護めがねを 洗って、汚れを取り
ます。

⑪機械を 止めて、機械の 掃除を
しなければ なりません。

⑫汗を 乾かして、感電しない よう
に します。

⑬空気取り入れ口を 手で 塞いで、
息を 吸って みました。

3．①安全靴

②足カバーを 使って

③フィルターの 色

④顔

⑤ぬれた手

⑥革手袋

4．①火花から 足を 守る ためです。

②粉じんを 防ぐ ためです。

③顔の 大きさや 形に 合ってい
る こと。光や 粉じんが 横か
ら入らない ように する こと。
きれいに 洗って、乾かして、ケー
スに入れる こと。

④機械の 運転を止めなければ なり
ません。

第20課

1．①では、が ②に ③の、に
④に、と ⑤に、が、を ⑥と、に
⑦を、に ⑧を、に

2．①作業手順を 指導員に 聞いてみ
ます。

②実際に 練習して み ましょう。

③もう一度 機械を 止めて みて
ください。

④届を 自分で 書いて みましょ
う。

⑤箱は 棚に 積んで あります。

⑥材料は 冷凍庫の 中に しまっ
て あります。

⑦包丁は いつもの 場所に 置い
て あります。

⑧箱と 容器は 作業台に 並べて
あります。

3．①例）階段の 横

②例）置いては いけません

③例）いつもの 場所しまって

④例）滑りやすいです

⑤例）衛生的では ありません

4．①× ②○ ③× ④○ ⑤×
⑥× ⑦○ ⑧○ ⑨× ⑩○

5．①例）作業服、マスク、手袋、包丁
を 使います。

②例）棚 置いて あります。

③例）つまずいて 転ぶからです。

④例）機械を 止めないと 巻き込ま
れるかも しれないからです。

第21課

1．①が、に ②の、を ③で、で ④が

⑤で、を　⑥を、を　⑦に、に
⑧を、に　⑨が　⑩に、も

2．①布地を　切って　いました。
　②箱を　運んで　いました。
　③床を　拭いて　いました。
　④道具を　片付けて　いました。
　⑤アイロンを　かけて　いました。
　⑥食堂で　休憩して　いました。
　⑦作業場を　掃除して　いました。
　⑧ゴミを　捨てて　きます。
　⑨窓を　開けて　きます。
　⑩道具をしまって　きます。
　⑪道具を　置いて　きます。
　⑫タバコを　吸って　きます。
　⑬水を　飲んで　きます。
　⑭電気を　つけて　きます。
　⑮子ども服しか　作りません。
　⑯黒い　シャツしか　着ません。
　⑰ズボンしか　持って　いません。
　⑱ミシンしか　使いません。
　⑲棚の　上にしか　置きません。
　⑳はさみでしか　切りません。

3．①布地を　裁断して　いて、指を　切
　　りました。
　②朝から　同じ　作業を　して　い
　　て、疲れました。
　③2階に　箱を　運んで　いて、階段
　　から箱を　落としました。
　④コンセントの　周りが　ぬれて　い
　　て、感電しました。
　⑤ミシンで　縫って　いて、針が　指
　　に　刺さりました。
　⑥衿に　アイロンを　かけて　いて、
　　火傷しました。

4．①例）材料と　工具を　片付けて、作
　　業場を　清掃します。
　②例）指導員に　知らせます。
　③例）火傷しないように　注意しま
　　す。

外国人技能実習生のための

日 本 語 　－実習現場編－ （練習問題集）

2018 年 8 月　初版
2019 年 2 月　初版 2 刷
2019 年 8 月　初版 3 刷
2022 年 5 月　第 2 版
2023 年 5 月　第 2 版 2 刷

発行　公益財団法人 国際人材協力機構 教材センター
〒108 − 0023　東京都港区芝浦 2 − 11 − 5
五十嵐ビルディング11階
TEL：03 − 4306 − 1110
FAX：03 − 4306 − 1116
ホームページ　https://www.jitco.or.jp/
教材オンラインショップ　https://onlineshop.jitco.or.jp

©2023 JAPAN INTERNATIONAL TRAINEE & SKILLED WORKER COOPERATION ORGANIZATION
All Rights Reserved.

本書の全部または一部を無断で複写（コピー）、複製、転載すること（電子媒体への加工を含む）は、著作権法上での例外を除き、禁じられています。